大展好書　好書大展
品嘗好書　冠群可期

大展好書　好書大展

品嘗好書　冠群可期

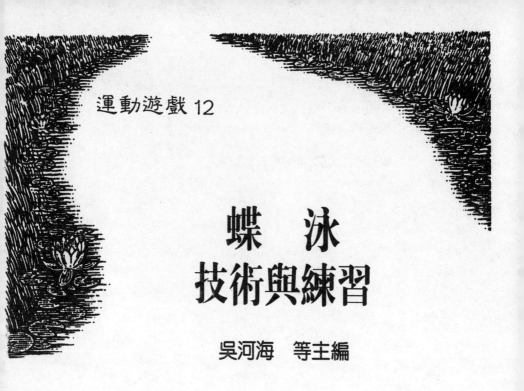

運動遊戲 12

蝶　泳
技術與練習

吳河海　等主編

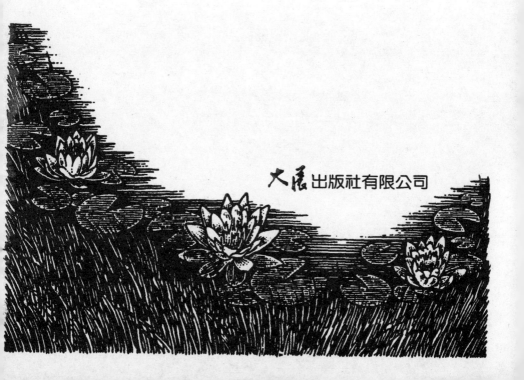

大展出版社有限公司

內容提要

　　游泳是一項水浴、空氣浴、日光浴三者結合的體育運動項目。經常游泳對提高身體各器官、各系統的功能有良好的作用，能強身健體、促進身心健康，還能健美、減肥以及防病、治病。因此，游泳一直深受人們的喜愛。

　　爲滿足廣大游泳愛好者的需要，尤其是少年兒童學游泳的需要，使他們懂得一些游泳的基本知識，儘快掌握游泳的基本技術，我們特地編寫了這本書。

　　本書主要介紹蝶泳（蝶式）的技術、學蝶泳的練習方法以及如何才能游得遠、游得快；還介紹了蝶泳的出發、轉身技術和蝶泳的發展概況、比賽規則、等級標準、優秀運動員以及有關趣聞。

　　本書的教學、練習方法具體，內容實用，圖文並茂，既可幫助初學者學蝶泳，也可幫助蝶泳愛好者提高技能。

　　本書可作爲少年兒童自學的課本和家長輔導孩子游泳的教材，也可作爲中、小學游泳教學和游泳

場游泳班的教材，並且也是其他游泳愛好者的良好
參考書。由於水準所限，本書難免有不足之處，歡
迎廣大讀者批評指正。

目 錄

八、怎樣才能游得快

九、蝶泳知識介紹

一、
蝶 泳 概 述

什麼叫蝶泳
蝶泳的由來與發展
中國蝶泳的水準

一、蝶泳概述

1. 什麼叫蝶泳

蝶泳是因其動作外形而得名。游蝶泳時，身體俯臥水中，兩臂同時向後划水後，同時提出水面，經空中向前移臂，同時兩腿向後蹬水或同時上下打水。因兩臂動作像蝴蝶展翅，因而被人們稱為蝶泳。

最初的蝶泳技術是兩臂同時向後划水，經空中向前移臂，像蝴蝶飛舞，兩腿做蛙泳蹬夾動作，稱之為蛙式蝶泳。後來規則允許兩腿同時做上下打水動作，於是蝶泳腿的技術便發展為軀幹和腿做上下波浪式打水技術，其動作像海豚游泳，故被稱為海豚式蝶泳，簡稱為海豚泳。

由於海豚泳的阻力比蛙式蝶泳小，游進速度明顯快於蛙式蝶泳，因而在蝶泳比賽中，運動員都採用海豚泳，蛙式蝶泳逐漸被淘汰。久而久之，人們就習慣把蝶泳稱為海豚泳，把海豚泳和蝶泳等同起來。現代的蝶泳指的就是海豚泳。

2. 蝶泳的由來和發展

蝶泳是在蛙泳動作的基礎上演變而來的。在蛙泳技術發展的過程中，為尋求更快的速度，人們先是將划臂路線延長，使兩手臂划到大腿旁，以後又改為兩臂划水後提出水面，經水面上向前移臂，這使游速大為改善。

據記載，這種蛙泳技術，在 1924 年首先出現於菲律賓。1933 年在美國，有人首先在比賽中採用。1936 年國際泳聯對競賽規則作了修改補充，正式允許蛙泳兩臂划水後從水面上向前移臂。

之後，這種技術很快得到廣泛流傳，並在競賽中逐步取代了傳統的蛙泳技術。這也就是蝶泳的產生及其發展的最初階段。

1952 年第十五屆奧運會後，國際泳聯決定正式設立蝶泳姿勢的比賽，使蛙泳和蝶式蛙泳（即蝶泳）分開比賽。從此，蝶泳便成為正式比賽項目並得以發展。

初期的蝶泳比賽，運動員採用的都是蛙式蝶泳技術，但兩腿動作逐漸改為以蹬為主，動作幅度變小，頻率加快。1953 年匈牙利運動員喬·董貝克模仿海豚游泳的姿勢，在蝶泳比賽中採用了一種海豚式的打水技術，並獲得了巨大的成功，連續 5 次創蝶泳世界紀錄，受到了人們的關注。

海豚泳技術流傳很快，1956 年以後，在世界性的蝶泳比賽中，幾乎沒有人再採用蛙式蝶泳，而幾乎全都採用海豚泳。海豚泳技術的發展，也從早期的大波浪到小波浪技術。70 年代後又從高肘技術到低、平、直的移臂技術。隨著技術的發展，世界紀錄不斷被刷新。

至 2000 年 9 月，男、女 100 公尺蝶泳世界紀錄是51.81 和 56.61，分別是由澳大利亞的克利姆和荷蘭的德布魯因創造的。

3. 中國蝶泳的水準

中國的蝶泳技術發展很快，1958 年中國運動員陳運鵬等人的成績就達到了世界水準。

1966 年蒙榮乙 100 公尺蝶泳 59.1 的成績達到當時世界第六名的水準。在 80 年代末，中國女子蝶泳水準有了較大的提高，1988 年第三屆亞洲游泳錦標賽中，錢紅的 100 公尺蝶泳以 59.93 破 1 分大關的成績，創亞洲最好成績並獲金牌。同年錢紅在第二十四屆奧運會上，獲女子 100 公尺蝶泳銅牌。

在 1992 年第二十五屆奧運會上，錢紅以 58.62 的成績獲女子 100 公尺蝶泳金牌，並創奧運會紀錄。

劉黎敏 1994 年在羅馬的世界游泳錦標賽上獲女子100 公尺和 200 公尺蝶泳金牌，1996 年奧運會上獲 100

公尺蝶泳銀牌，1997 年在第五屆世界短池游泳錦標賽上獲 200 公尺蝶泳金牌。

此外，王曉紅、蔣丞稷等的蝶泳在國際比賽中也取得過較好的成績。

二、
蝶泳技術介紹

軀幹與腿部動作

手臂動作

手臂與呼吸的配合

手臂與腿的配合

完整配合動作

二、蝶泳技術介紹

　　蝶泳技術動作由軀幹和腿、臂、呼吸幾部分動作及其協調配合組成。一般是採用 2：1：1 配合，即腿打水 2 次、臂划水 1 次、呼吸 1 次的配合。圖 1①～⑳是蝶泳的連續動作圖。

①

　　兩臂在同肩寬的前方入水。入水時，手掌領先，前臂和上臂依次入水，眼睛稍向前下方看。腳尖繃直準備向後下方打水。

②

　　兩臂入水後前伸，手掌向外側後方抓水。兩腿開始向後下打水。

③

　　兩臂繼續外划抓水。腿打水將要完成，向下打水的
反作用力使臀部上提到水面。

④

　　肘部提起，兩臂繼續外划。兩腿開始向上打水，踝
關節彎曲。頭自然上抬，但不出水。

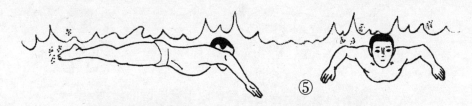

⑤

　　臂向兩側划至最大寬度，即繼續高肘開始轉向下、
內、後方划水。兩腿繼續直腿向上抬。

兩臂繼續向內、向後划水。大腿開始向下，小腿繼續向上，膝微屈。

兩手划水經肩下方時，幾乎併攏，兩肘在身體外側，肘關節彎曲約 90°。大腿繼續向下，開始第二次打水，此時小腿由於慣性仍繼續向上。

兩肘內收，向身體靠攏，兩手和前臂向後推水。大腿繼續向下帶動，小腿開始向下打水，腳尖繃直。此時稍低頭。

⑨

　　兩手推水動作結束，開始向外擺動，準備做移臂動
作。第二次向下打水動作即將完成。繼續低頭。

⑩

　　兩腿在兩手提出水面之前一瞬間，完成向下打水動
作。肘部開始上抬。臀部保持在接近水面處，使身體成
流線型。

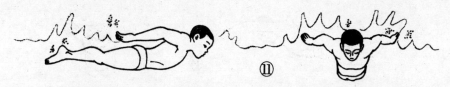

⑪

　　兩臂提出水面並向前移臂，兩腿伸直上抬，臉部幾
乎與池底平行。

兩臂向前擺動過肩時，手掌轉向下，臂伸直放鬆。
兩腿繼續向上打水。

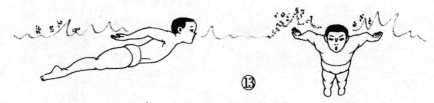

兩臂準備入水，低頭。大腿開始向下，小腿繼續向
上打水。

兩手在肩前開始入水。大腿向下，小腿向上至最高
點準備打水，膝彎曲角度增加，腳尖繃直。

兩臂入水後，前伸、外划。腿向下打水將完成，臀部提到水面。開始呼氣。

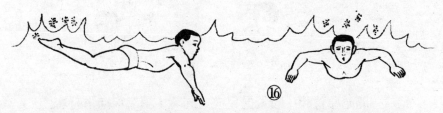

兩臂高肘開始轉向內，向後划水。兩腿直腿向上抬起。抬頭向上，繼續呼氣。

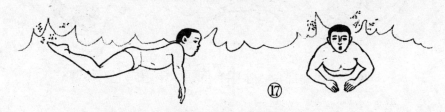

兩手划至肩下時，又幾乎併攏，大腿向下，小腿繼續向上打水。繼續呼氣。

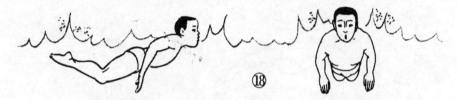

兩手向後推水，同時兩腿向下打水。頸部向前伸展，抬頭，口開始在水面上吸氣。

開始移臂時，吸氣已完成。同時，第二次向下打水也已完成。

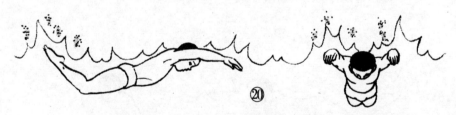

吸氣後，臉部浸入水中，低頭。兩腿向上，移臂結束。

圖1　蝶泳技術連續動作圖

1. 軀幹與腿部動作

　　游蝶泳時，軀幹各部分和腿不斷地改變彼此間的相對位置而成波浪動作，自然形成上下的起伏。正確的蝶泳技術是以橫軸（腰）為中心，軀幹和腿做有節奏的擺動動作。發力點在腰部，以大腿帶動小腿，做上下的打水動作，而這些動作與頭和臂部動作緊密聯繫在一起，形成蝶泳所特有的波浪動作。

　　蝶泳腿部技術動作全過程如圖2①～⑧所示。

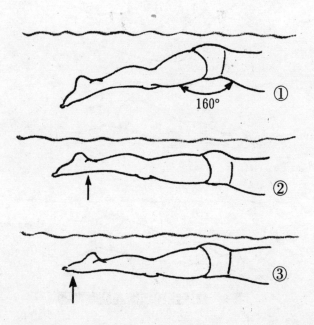

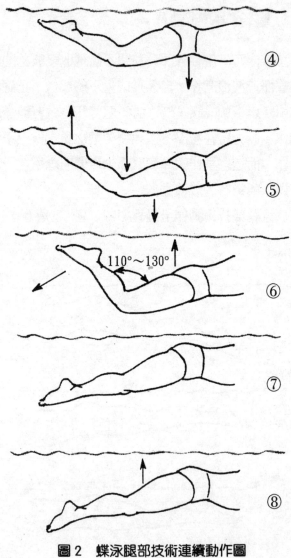

圖 2　蝶泳腿部技術連續動作圖

蝶泳腿打水時，兩腿自然併攏，兩腳稍內旋成內八字。當兩腿在前一次向下打水結束後，兩腳處於最低點，膝關節伸直，臀部上升至水面，髖關節約屈成160°角（圖2-①）。

然後兩腿伸直，向上移動，髖關節逐漸展開，臀部下沉（圖2-②③）。

當兩腳繼續向上時大腿開始下壓，膝關節隨大腿下壓動作自然彎曲，大腿繼續加速向下（圖2-⑤）。

隨著屈膝程度增加，腳抬起接近水面，臀部下降到最低點，膝關節屈成110°～130°角時，腳向上抬到最高點，並準備向下打水（圖2-⑥）。

當腳向下打水時，踝關節放鬆，腳面繃直，此時是蝶泳腿打水產生推進力的最有利階段。然後腳面和小腿隨著大腿加速下壓的動作，使腳面和小腿加速向後推水。當兩腳繼續加速向下打水尚未結束時，大腿又開始向上移動。當膝關節伸直時向下打水的動作即結束（圖2-⑦⑧）。

2. 手臂動作

蝶泳手臂的划水動作是推動身體前進的主要因素。蝶泳的臂部動作與爬泳類似，所不同的是蝶泳兩臂同時划水，而爬泳是輪流划水。蝶泳手臂動作可分為入水、

抱水、划水、出水、空中移臂五個部分，但各部分動作
是連貫、不可分割的。

（1）入　水

兩手的入水點應該在兩肩的延長線上，太寬易使划
水路線縮短，太窄不利於入水後划水和抱水。入水應以
大拇指領先，手掌斜插入水，然後前臂和上臂依次入
水，入水時掌心朝向側下方，手掌與水面約成 40°角
（圖1-①⑭）。

（2）抱　水

臂入水後，手和前臂向外旋轉，手臂同時向外、向
後運動。當兩手向外划至頭的側前方時，通過勾手腕、
屈肘完成抱水動作。抱水動作過程就像是用手臂去抱一
個大圓球，抱水動作的目的是為划水做準備（圖1-②
～⑤）。

（3）划　水

做好抱水的動作之後，手臂立即轉入向內划水，划
水時繼續屈肘，並保持高肘姿勢，手的運動方向是向
內、向後和向上的。當手臂划至肩的下方時，肘關節彎
曲成 90°～100°角，兩手相接近（圖3）。然後手臂同
時向後、向外和向上運動，肘關節逐漸伸直。當手划到
大腿兩側時，划水動作結束，轉入出水（圖1-⑧
⑨）。整個划水過程手的運動路線是雙「S」形曲線。

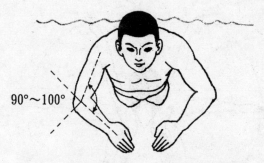

90°～100°

圖3　手划至肩下時，肘關節彎曲的角度

肌肉的用力，前半段為拉水，後半段為推水。

（4）出　水

在向後推水尚未結束時，肘已經開始向上抬起。手推水結束時，利用推水的慣性，肘和肩帶動手臂提拉出水（圖1-⑩⑪）。

（5）空中移臂

出水後，在肩的帶動下，手臂迅速從空中前移至頭前，為入水做好準備。蝶泳移臂一般採用直臂移臂或肘關節微屈、高肘的移臂方式。在移臂過程中，前臂和手腕放鬆（圖4）。

蝶泳手臂水下划水是產生推進力的階段，因而兩手的划水應由慢到快，加速完成。兩手的移動路線因人而異，主要有圖5中的兩種划水路線。

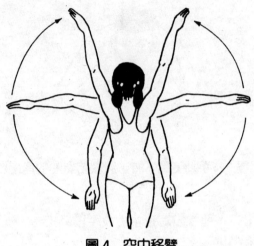

圖 4　空中移臂

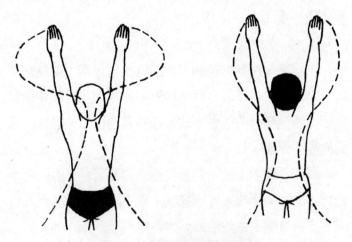

圖 5　水下的兩種划水路線

圖6　呼吸的時機

3. 手臂與呼吸的配合

蝶泳的呼吸，一般採用臂划1次、呼吸1次的方式。當兩臂抱水結束並開始拉水時，開始呼氣。隨著兩臂划水動作的進行，頭和肩部的位置逐漸升高，呼氣也由慢到快地進行並逐漸抬頭。當兩手划水至腹部下方時，嘴露出水面，並張口吸氣。推水結束時，吸氣結束。向前移臂時低頭閉氣（圖6）。

4. 手臂與腿的配合

蝶泳臂、腿配合動作應該是節奏明顯，打水連貫有力。目前運動員都採用2：1的配合方式，即打腿2次，划臂1次。

臂腿配合的方法是：兩臂入水時腿做第一次向下打水（圖1-①～③），當兩臂划至胸腹下方時，腿開始

做第二次向下打水，臂推水結束，打水結束（圖1-⑧⑨）。移臂時，腿又向上準備做下一周期的打水動作。

5. 完整配合動作

圖1是蝶泳完整配合動作的連續動作圖，此圖中的運動員在手臂與呼吸的配合方面，採用的是划臂2次、呼吸1次的方式，其目的是為了提高游速並使軀幹及整個配合動作更加平穩和連貫。

三、
學蝶泳的步驟及計劃安排

先學其他泳式再學蝶泳

學蝶泳的步驟

學蝶泳的計劃進度安排

從蛙泳到蛙式蝶泳再到海豚泳

輔導孩子學游泳時要注意的問題

三、學蝶泳的步驟及計劃安排

1. 先學其他泳式再學蝶泳

蝶泳是四種競技泳式中最難學的一種姿勢，根據從易到難的原則，學蝶泳時，一般都在學會爬泳、仰泳或蛙泳之後進行。因而，學蝶泳的步驟計劃，不需要像初學者那樣先安排熟悉水性的練習，而是直接學蝶泳。並且，在學習蝶泳動作時，可利用相似動作技能的良性轉移原理來安排學習，可促進動作的掌握。

2. 學蝶泳的步驟

學蝶泳與學其他泳式一樣，先學腿部動作，再依次學臂部動作、臂與呼吸配合動作、臂腿配合動作、完整配合動作。在學習每個動作的過程中，也是先陸後水，以水為主。在明確動作要領後，先在陸上進行模仿動作練習，利用視覺的幫助，體會正確動作的結構、路線、方向。基本掌握動作要領後，立即轉到水中進行練習。

在水中的練習，要遵循從易到難的原則，先進行有

固定支撐的練習，如扶邊打腿等。待體會動作後，再進行無固定支撐的練習，如滑行打腿等，進一步體會動作和掌握動作。最後是逐步增長游泳距離，進一步鞏固和提高泳技。

3. 學蝶泳的計劃進度安排

表1是一名學齡兒童學蝶泳的8次課計劃進度表，供已會爬泳或蛙泳者學蝶泳時參考。每個動作按要領要求（參見本書五、蝶泳技術練習）進行練習，達到相應要求後，再轉入下一個動作的學習。所以，有些人可學得快些，用4～5次課或更少時間便可學會，有些人學得慢些，可按進度延長學習時間。總之，學習要以真正掌握動作為目的，打好基礎，不要趕進度。

4. 從蛙泳到蛙式蝶泳再到海豚泳

學蝶泳的方法，除上述「3」介紹的方法（計劃進度）外，也可採用從蛙式蝶泳過渡到海豚泳的方法。此法主要是供已會游蛙泳者採用，可達到更快學會蝶泳的目的。此法是按照蝶泳技術的演變過程設計的。其練習步驟如下：

（1）在已掌握蛙泳技術的基礎上，做兩臂前伸滑行蹬蛙泳腿練習，兩腿每蹬水2次，稍滑行一會兒，再

表1　蝶泳學習進度表

學習內容	課的內容	1	2	3	4	6	6	7	8	動作要求
游泳及安全常識		✓								了解蝶泳基本知識
蝶泳	軀幹與腿部動作	△	✓	✓	✓	✓	✓			腰腹發力，兩腿同時做上下波浪狀打水，一口氣能游8公尺以上
	臂及臂與呼吸配合動作	✓	△	✓	✓					兩臂同時在肩前入水，向後划水、出水、向前移臂。臂划水時呼氣，推水時抬頭吸氣，動作自然
	單臂與腿的配合動作		✓	△	✓	✓				一臂向前伸直，另一臂做蝶泳划水動作，配合入水時兩腿打水1次，推水時腿再打1次。能游10公尺以上。兩臂交換做
	臂、腿配合動作		✓	△	✓	✓	✓			兩臂同時做入水、划水、出水移臂動作。臂入水時，兩腿打水1次，臂推水時，兩腿再打水1次，動作連貫。能游10公尺以上
	臂、腿、呼吸完整配合			✓	△	△	△	✓	✓	在上述動作基礎上，當臂划水時慢呼氣，推水時抬頭吸氣。能游25公尺以上，動作配合自然，有節奏
	增長距離游					✓	✓	△	△	改進動作，注意節奏，不斷延長每次的游距
複習其他已會游式、遊戲										

註：1.本學習進度是在已學會蛙泳或爬泳的基礎上再學蝶泳的進度安排。
　　2.表中「△」符號，爲主要學習內容，學習時間要多些，練習要達到動作要求。

蹬2次，再滑行一會兒，反覆進行。

（2）同上練習，但在第二次蹬水時，兩臂同時做向外（抱水）、向內、向後划水至大腿旁的動作。臂由水下向前伸臂後，再蹬水，反覆進行練習。

（3）在練習（2）的基礎上，兩臂划至大腿旁後，提出水面，經空中向前移臂至肩前入水。兩臂入水前伸的同時腿做第一次蹬水，第二次蹬水時，兩臂又進行向後划水、出水、空中向前移臂，循環往復進行。

（4）在練習（3）的基礎上配合呼吸，兩臂開始划水時呼氣，划至後半段推水時抬頭吸氣。反覆練習至掌握動作。即是2次腿、1次臂、1次呼吸的蛙式蝶泳技術。

（5）在練習（4）的基礎上，把兩腿的蹬夾動作改為兩腿併攏、向下、向後的打水動作。

（6）在練習（5）的基礎上，逐漸體會用腰腹發力，大腿帶動小腿做鞭狀打水。腿下打時用力，使臀部提起至水面，上打時兩腿伸直上提。隨著臂、腿、軀幹、頭部動作的協調配合，使整個身體成自然的、有節奏的波浪形擺動前進。

5. 輔導孩子學游泳時要注意的問題

小孩喜歡游泳。每個家長也都希望自己的孩子能儘

快學會游泳。不管把孩子送到游泳初級教學班去學，還是家長自己輔導孩子學游泳，都應清楚學游泳時要注意的問題。

（1）安全第一。要切實遵守泳場有關安全衛生守則。在游泳時，家長不要隨便離開孩子，更不能讓孩子單獨到深水區中去。

（2）要想孩子儘快學會游泳，首先是要培養孩子對游泳的興趣，使他喜歡水，喜歡游泳，不要強制孩子做他不願做或不敢做的動作。

（3）幫助孩子樹立學會游泳的決心和恆心，不要三天打魚兩天曬網或中途放棄。

（4）輔導孩子學游泳必須有計劃，選擇合適的方法（參考本書學蝶泳的計劃進度安排）。

（5）多採用誘導性練習，多以玩的方式進行，多輔導孩子自學自練。當孩子不能一下子學會動作或出現錯誤動作時，要有耐心，不能急躁，更不能訓斥，而應多鼓勵、表揚。要使他感到自己的進步，樹立學會游泳的信心。

（6）每次在水中練習的時間不宜過長，特別是水溫較低時要更加注意，當孩子感到冷或情緒不高不想練習時，就應立即上岸，擦乾身體保暖。

四、

下水前的熱身運動

頭部運動

擴胸運動

臂繞環運動

體轉運動

腰部運動

腹背運動

膝關節繞環運動

四、下水前的熱身運動

熱身運動也稱準備活動。任何體育項目，在練習前都要做好熱身運動。熱身運動的目的是使身體發熱，克服機體的僵硬狀態，動員身體各器官、系統的機能，使其進入工作狀態，防止肌肉、關節、韌帶的運動損傷。

游泳是在比人體體溫低的水中進行，更是需要在下水前認真做好熱身運動，防止抽筋兒、暈厥等水上事故的發生。

下水前的陸上熱身運動，一般由活動性的練習、柔韌性的練習組成，可做徒手操（廣播操、健美操等）、舞蹈、慢跑、壓腿、壓肩及各種關節練習。熱身運動要有一定的量，但又不可激烈，讓身體微微出汗即可。熱身運動後，應休息片刻，待汗乾後，方可沐浴、下水。

下面介紹一套游泳熱身操，以供參考。

1. 頭部運動

兩腳左右開立，兩手叉腰，頭部向前、後、左、右振動，然後左右旋轉（圖7）。

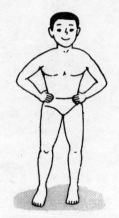

圖7 頭部運動

圖8 擴胸運動

2. 擴胸運動

兩腳左右開立，兩臂在胸前平屈，並向後振動，然後兩臂成側平舉，掌心向上，向後振動（圖8）。

3. 臂繞環運動

兩腳左右開立，兩臂同時向前繞環，然後再向後繞環（圖9）。

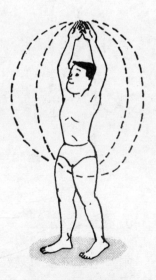

圖9 臂繞環運動

4. 體轉運動

　　兩腳左右開立，兩臂成側平舉，然後向一側轉體，一臂成側平舉，另一臂成平屈姿勢（圖10）。

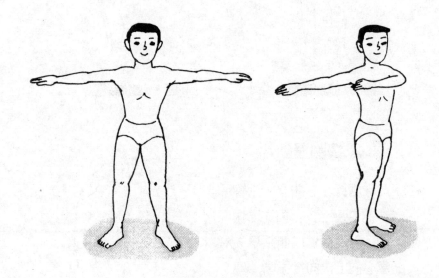

圖10　體轉運動

5. 腰部運動

　　兩腳左右開立，以腰部為軸，做向右和向左的繞環動作（圖11）。

圖 11　腰部運動

6. 腹背運動

　　兩腳併攏站立，兩臂前上舉，然後向前屈體，兩臂盡量向下振動，接著手臂帶動上體向上、向後展體，同時一腳向前邁一大步，成弓步壓腿（圖12）。

7. 膝關節繞環運動

　　兩腳開立，手扶膝關節做向左、向右、向裡、向外360°連續轉動（圖13）。

圖 12　腹背運動

圖 13　膝關節繞環運動

五、
蝶泳技術練習

學習蝶泳軀幹與腿部動作

學習蝶泳手臂動作

學習蝶泳手臂與呼吸配合動作

學習蝶泳完整配合動作

五、蝶泳技術練習

1. 學習蝶泳軀幹與腿部動作

（1）蝶泳軀幹與腿部動作要領

　　兩腿自然伸直併攏，腳稍內旋，由腰部發力，帶動大腿、小腿和腳做上下鞭狀打水，下打時提臀伸膝，足背向下方用力，上打時挺腹，腿自然伸直，兩腳上下打水的幅度約為 40～50 公分。

　　蝶泳軀幹與腿部動作口訣：

　　　　兩腿併攏腰發力，大腿小腿鞭狀打，

　　　　直腿上抬踝放鬆，提臀伸膝腿下打。

（2）蝶泳軀幹與腿部動作練習方法

　　練習 1：陸上背靠牆，兩腳併攏站立，兩臂上舉伸直併攏做軀幹與腿部動作模仿練習，具體做法為：向前挺腹後稍屈膝，然後臀部後頂碰牆，同時將膝關節伸直，如此反覆練習（圖 14）。

　　練習 2：同練習 1，但不靠牆。

練習3：水中手扶池邊俯臥，兩腿打自由式腿，然後過渡到兩腿併攏，以腰發力，帶動腿上下打水（圖15）。

　　練習4：水中跳起擺腰，兩腿前後打水（圖16）。跳起後，以腰發力，大腿帶動小腿做前後打水。

　　練習5：如在上述兩個練習後還未體會動作，可由家長或同伴幫助，做雙人練習。練習者腰放鬆，抓住同伴手中所持的木棍，同伴將棍下壓上拉同時快步向前

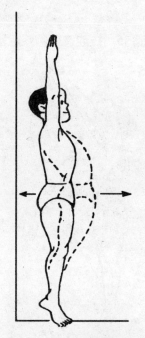

圖14　陸上練習蝶泳腿

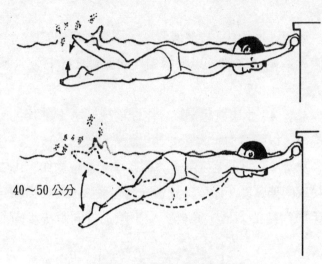

40～50公分

圖15　扶池邊練習蝶泳腿

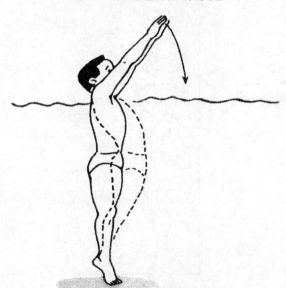

圖16　水中跳起練習蝶泳腿

走，使練習者體會波浪動作（圖17）。

　　練習6：蹬池壁潛入水中，兩手臂置於體側，做蝶泳打腿練習（圖18）。

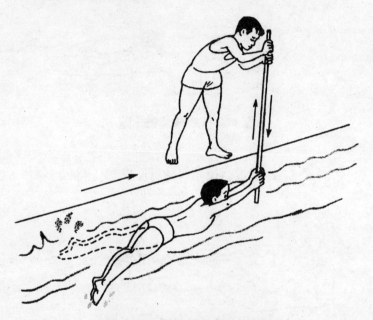

圖17　雙人配合練習蝶泳腿

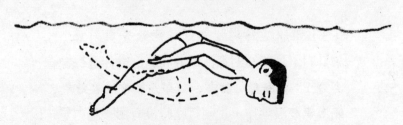

圖18　水下練習蝶泳腿

練習 7：扶板做蝶泳腿練習（圖19）。

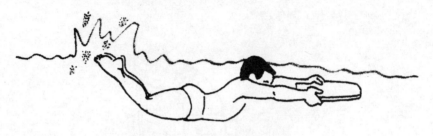

圖19　扶板練習蝶泳腿

練習 8：蹬邊滑行後做蝶泳打腿練習（圖20）。

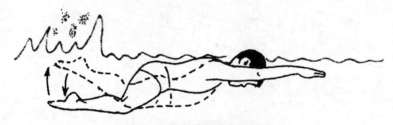

圖20　徒手練習蝶泳腿

（3）蝶泳軀幹與腿部動作的檢查與糾正

請針對下列問題對蝶泳軀幹與腿部動作進行檢查。

問題 1：打腿時，腰部和腿部是否有波浪動作？

如果無波浪動作，說明打腿時沒有用腰部力量，只是靠膝關節的屈伸，用小腿來打水。

糾正方法是，多做本部分的練習 2。

問題 *2*：打腿時，手、頭及肩部是否上下起伏過大？

打腿練習時，手、頭及肩的位置是相對固定的，如果手、頭及肩上下起伏過大，說明動作概念不清，或是身體太緊張，整個身體都在用力。

糾正方法是，明確動作概念，身體放鬆，由腰部發力，帶動腿做打水動作。

問題 *3*：向下打腿時，是否直腿打水？

直腿向下打水是產生不了多少推進力的，直腿打水的原因是動作概念不清和收腹打水。

糾正方法，一是要明確動作概念，二是強調向下打水時應稍屈膝。

2. 學習蝶泳手臂動作

（1）蝶泳手臂動作要領

兩臂對稱同時在肩前入水前伸，並向側後方分開後屈肘轉腕抓水，然後兩手在身體下方做雙「S」形曲線划水，划水過程中保持屈臂高肘，手的運動方向是先向內、後方，然後再向外後上方，兩手加速划水至大腿旁，然後提肘出水並經空中前擺入水。

蝶泳手臂動作口訣：

圖21　陸上模仿蝶泳划臂

兩臂肩前掘入水，向前向外後抓水，

屈臂抬肘內後划，推水提肘快出水。

（2）蝶泳手臂動作練習方法

練習1：陸上兩腳前後開立，身體前傾，做蝶泳手臂動作的模仿練習（圖21）。

練習2：在淺水中重複練習1的動作，練習者可由原地練習過渡到走動練習。

練習3：做蛙泳長划臂練習，體會推水動作（圖22）。

練習4：蹬底滑行做1次手臂動作，連續反覆進行。．

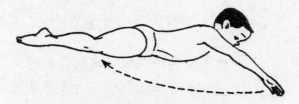

圖22　利用蛙泳長划臂練習來體會蝶泳推水

（3）蝶泳手臂動作的檢查與糾正

請參照下列問題對蝶泳手臂動作進行檢查。

問題1：手臂划水後，出水和移臂是否困難？

手臂出水及移臂困難的原因有二。一是出水時兩手掌心朝上划水，二是推水無力。

糾正方法是，在練習過程中，強調借向後划水的慣性將手提出水面並前擺，同時強調加速划水，增大划水力量。

問題2：划水是否是直臂划水？

直臂划水會大大降低划水所產生的推進力，並會給手臂出水造成困難。直臂划水產生的原因是動作概念不清，或者是水感差，身體緊張。

糾正方法是，要明確動作概念，練習時身體放鬆，動作放慢，注意抬肘屈臂划水，同時應多在水中活動，建立水感。

3. 學習蝶泳手臂與呼吸配合動作

（1）蝶泳手臂與呼吸配合的動作要領

當手臂開始划水時開始呼氣，隨著划水的進行，肩部位置逐漸升高並逐漸抬頭。當兩手划至腹部下方時，嘴露出水面並快速吸氣，手臂出水移臂時低頭閉氣。

蝶泳手臂與呼吸配合動作口訣：

手臂划水慢吐氣，

推水伸頸抬頭吸。

（2）蝶泳手臂與呼吸配合動作練習方法

練習 1：陸上兩腳前後開立，上體前傾，做手臂與呼吸配合動作的模仿練習。

練習 2：在淺水中做練習1的動作，先原地做，然後在走動過程中做。

練習 3：兩腳蹬池底配合兩臂向後划水使身體向前躍起，吸氣後低頭，兩臂經空中前移，入水後收腿站立（圖23）。

（3）蝶泳手臂與呼吸配合動作的檢查與糾正

在蝶泳手臂與呼吸配合方面，常見的問題是嘴不能露出水面，無法吸氣。其原因，一是抬頭太晚，二是划水力量不夠。

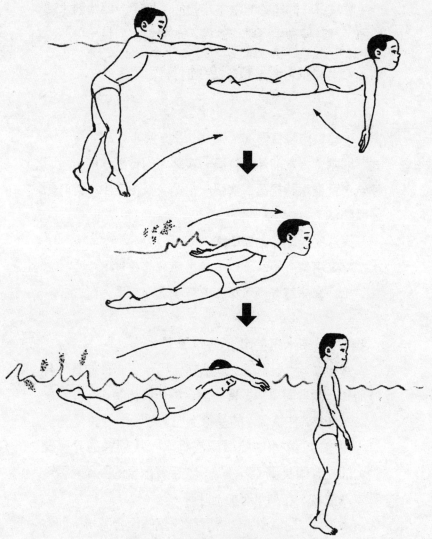

圖 23　蹬池底練習蝶泳划臂

解決這一問題的方法是早抬頭，即手一開始划水就抬頭，同時多做手臂動作練習，加強划水力量。

4. 學習蝶泳完整配合動作

（1）蝶泳完整配合動作要領

　　一般採用腿打兩次，臂划一次，呼吸一次的配合方式，即兩臂入水前伸時打第一次腿，兩臂划水前半段時呼氣，臂推水時打第二次腿，抬頭吸氣，空中移臂時頭還原閉氣。

　　蝶泳完整配合動作口訣：

　　　　　兩臂入水腿下打，推水吸氣腿二打，

　　　　　空中移臂頭還原，身體波浪向前進。

（2）蝶泳完整配合動作練習方法

　　練習 1：陸上單腿支撐站立，另一腿向後伸直，身體前傾，兩臂與單腿做臂腿配合動作模仿練習。

　　練習 2：在練習1的基礎上加上呼吸進行練習。

　　練習 3：在水中腿做兩次打水一次划臂的分解練習，即先打兩次腿，然後做一次手臂配合的動作練習，基本掌握後，在划水時加上呼吸。

　　練習 4：閉氣游，體會臂腿的正確配合時機，即在練習3的基礎上，手臂入水時腿做第1次打水，手臂推

圖 24　單臂划水練習

水時腿做第 2 次打水。

　　練習 5：單臂划水蝶泳練習。一臂前伸，另一臂做蝶泳划水動作，體會臂入水時腿打第 1 次水，推水時打第 2 次水，側向吸氣。

　　兩臂可交換進行練習（圖 24）。

　　練習 6：在水中做完整配合動作，在練習 4、5 的基礎上，強調兩臂同時入水時做第 1 次打腿，入水後兩手向前向外抓水緊接著向後划水，在推水時做第 2 次打腿。推水時抬頭吸氣。可以先做短距離的練習，然後逐漸加長游距。

　　（3）蝶泳完整配合動作的檢查與糾正

　　請參照下列問題對蝶泳完整配合動作進行檢查。

　　問題 1：臂腿配合是否協調？

　　臂腿配合動作不協調的原因是害怕身體下沉，因而在手臂入水後急於划水，使打腿動作跟不上手臂動作。

　　糾正方法是，多做本部分的練習 3。

問題2：游進時整個身體是否呈波浪狀前進？

游進時身體沒有呈波浪前進的原因是手臂入水後沒有做壓肩提臀的動作，只是通過屈膝來打水，沒有用腰腹發力帶動。

糾正方法，首先是要明確動作概念，其次在練習過程中，強調手臂入水時的壓肩提臀動作和打水時的腰腹發力動作。

問題3：手臂入水後是否有抱水動作？

手臂入水後是否做抱水動作（側划）以及抱水動作的好壞直接影響著划水效果，不做抱水動作的原因，一是動作概念不清，二是怕身體下沉而急於向下划水。

糾正方法是，要明確動作概念，同時練習時身體要放鬆，強調手臂入水後的壓肩動作和手側划轉腕屈肘抱水動作。

六、
蝶泳出發和轉身

學習蝶泳出發動作
學習蝶泳轉身動作

六、蝶泳出發和轉身

1. 學習蝶泳出發動作

（1）蝶泳出發動作要領（抓臺式）

蝶泳出發是在出發臺上進行的，其動作要領為：聽到「各就位」口令後，兩腳與肩同寬平行站立，腳趾勾住出發臺前沿，低頭，屈體微屈膝，兩臂下垂，兩手從前面或從兩側抓住出發臺，重心落在兩腳掌上（圖25）。

槍響後，兩臂即向上提拉使身體前倒，接著屈膝抬頭，擺臂展體，用力蹬離出發臺，身體在空中充分伸展，接著低頭，兩臂伸直，兩腿併攏伸直，兩臂夾緊頭部成流線型姿勢入水。入水後稍滑行即做打腿動作。當身體上升至接近水面時即做一次手臂划水動作，使身體出水面，並在水面游進。入水後在水下打腿的距離因人而異，但不能超過15公尺。蝶泳出發技術動作過程如圖26①～⑳所示。

圖 25　蝶泳出發的的準備姿勢

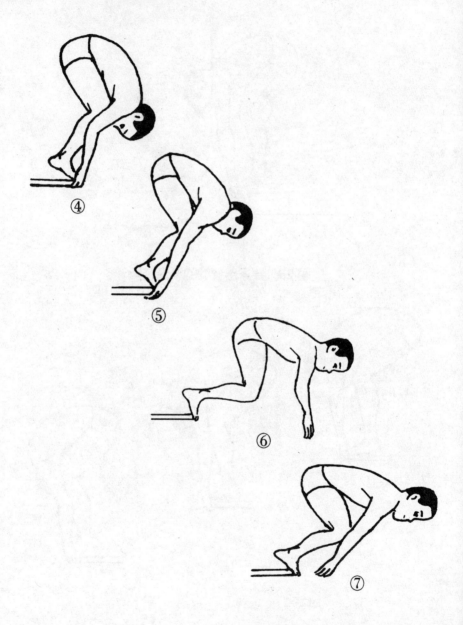

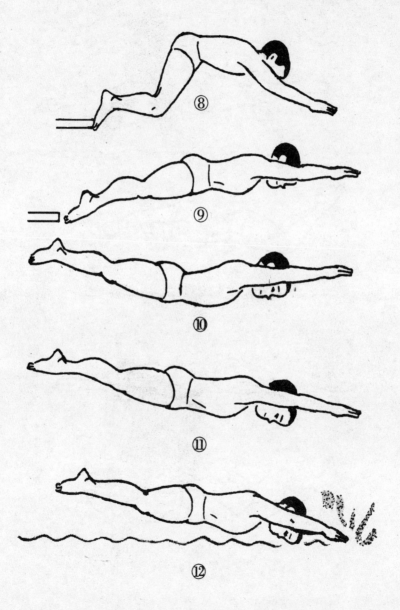

圖 26　蝶泳出發技術連續動作圖（抓臺式）

（2）蝶泳出發動作練習方法

練習 1：陸上兩腳左右開立，與肩同寬，聽到「各就位」口令時，模仿出發預備姿勢，聽到「跳」的口令時，手臂帶動身體向上跳起，在空中，身體適度緊張伸直（圖 27）。

圖 27 陸上練習蝶泳出發

練習 2：蹲於池邊，兩臂前舉，夾緊頭部，上體前傾，然後身體前倒蹬出、入水（圖 28）。基本掌握後，轉為半蹲進行練習（圖 29）。

圖 28　池邊全蹲練習蝶泳出發

圖 29　池邊半蹲練習蝶泳出發

練習 3：站在出發臺上做完整出發動作。

【**警告**】：**不可在沒有教師指導的情況下，在水深低於 1.5 公尺的游泳池中練習出發跳水動作。**

（3）蝶泳出發動作的檢查與糾正

請參照下列問題對出發動作進行檢查

問題 1：入水時，胸腹是否被水拍得很痛？

出發入水時，如果抬頭挺胸或起跳角太大，胸腹部就會被水拍打得發紅、疼痛。因此，起跳時要先倒後蹬，入水時要低頭，使頭夾在兩臂之間，並含胸稍收腹，身體適度緊張。

問題 2：入水時身體是否成流線型姿勢？

入水時身體成流線型姿勢可減少入水時身體遇到的阻力，從而增加衝力，使身體在水中滑行較長的距離。如果入水時臂腿沒有伸直併攏或是抬頭，就會增大身體遇到的阻力，從而影響滑行速度和距離。

問題 3：入水是否太深？

入水時，如果入水角太大，或是入水後沒有及時向上伸腕、抬頭、挺胸，就會造成入水太深。

糾正這一錯誤動作的方法是強調先倒後蹬，以及在陸上做向上揚手腕、抬頭、挺胸的動作，初步建立動作概念後再做出發跳水練習。

2. 學習蝶泳轉身動作

（1）蝶泳轉身動作要領

　　蝶泳轉身動作過程如圖 30，其動作要領為：兩手觸壁後，借慣性向前屈肘和屈膝收腿，接著右手離開池壁（以向右側轉身為例），在水下向回轉方向移動，然後向後甩頭並沿縱軸轉體，這時左手推池壁加速轉動，經空中前擺。

　　此時張口吸氣，吸氣後左手臂與頭同時入水，與右臂在頭前匯合。此時兩腳已觸及池壁，身體基本上成側臥，然後兩腳蹬離池壁，身體逐漸轉成俯臥並成流線型向前滑行。當滑行速度稍降低後開始打腿動作，當身體上升至接近水面時開始手臂划水動作，使身體升出水面後在水面上游進。

（2）蝶泳轉身動作練習方法

　　練習 1：陸上面對牆站立，兩手扶牆，做蝶泳轉身動作的模仿練習。

　　練習 2：從離牆約 1 公尺的地方模仿蝶泳臂部動作走向牆壁，然後兩手扶牆，做練習 1 的練習（圖31）。

　　練習 3：在與水面同高的池邊做轉身練習，當兩手觸及池沿時，靠兩手拉池沿的力量將身體拉向池壁，然

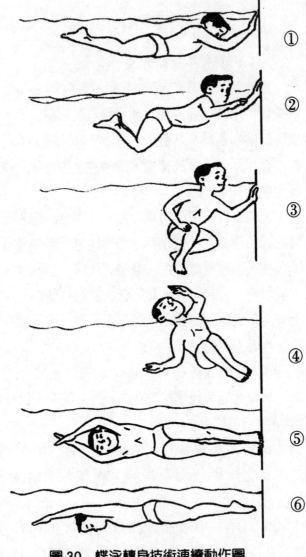

圖 30　蝶泳轉身技術連續動作圖

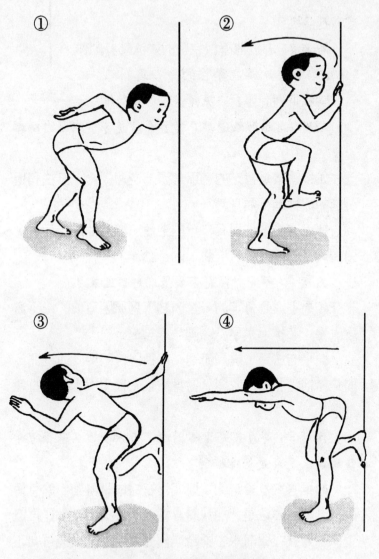

圖31　陸上模仿蝶泳轉身

後做轉身動作。

練習4：游近池壁做完整的蝶泳轉身動作。

（3）蝶泳轉身動作的檢查與糾正

請就下列問題對蝶泳轉身動作進行檢查。

問題1：游到池邊轉身時，身體是否下沉而無法轉身？

如果答案是肯定的，那是因為游速太慢，無法利用游進的慣性進行團身轉身。

糾正方法是，提高自己的游速，游近池邊要加速，強調轉身前的屈肘、收腿、團身動作。

問題2：轉身動作是否太慢或轉不過來？

如果答案是肯定的，是因為下列原因造成的：①游速太慢；②推手太早；③團身不夠。

糾正方法是，提高游速；手摸邊後不要立即推開，而是借慣性屈肘，收腿，當身體縱軸幾乎與水面垂直時再推手。

問題3：轉身後是否不能向正前方蹬出？是否有蹬滑現象？是否是單腳蹬壁？

如果答案是肯定的，說明沒有完成轉身動作就急於蹬壁。糾正方法是，加快轉身速度，完成轉身動作再蹬壁。等兩臂在頭前水中匯合、兩腳蹬在池壁上後再向正前方蹬出。

七、
怎樣才能游得遠

自然的呼吸動作
協調有節奏的臂腿配合動作
逐步增長游距
提高耐力的練習

七、怎樣才能游得遠

　　蝶泳是四種競技游泳姿勢中最難掌握的一種姿勢。蝶泳節奏性強，體力消耗大，很少有人採用這種姿勢進行長游。蝶泳身體姿勢呈波浪式擺動，為了減少垂直阻力，現代蝶泳採用了小波浪打腿技術；蝶泳兩臂同時向後划水並經水面上向前移臂，這一動作特點決定了蝶泳在一個動作周期中浮力和平衡損失比其他泳式大（兩臂移臂使身體減少了較大的浸水面積；兩臂同時向後使重心後移加重了腿部的負擔）。

　　由於蝶泳游起來運動負荷較其他泳式大，這對鍛鍊身體、增強力量效果顯著。為了幫助蝶泳愛好者游好蝶泳，提高技能，我們就幾個技術要點進行介紹。

1. 自然的呼吸動作

　　蝶泳呼吸動作近似於蛙泳，在兩臂向後推水時，嘴前伸吸氣，切忌挺胸抬頭，盡量減小身體上下起伏。蝶泳要做到自然的呼吸，應首先與兩臂動作協調配合，即推水伸頜抬頭吸氣，移臂低頭呼氣。在長游中蝶泳呼吸

與手臂動作的配合是 1：1，即一次划臂一次呼吸。其二是呼吸充分而有節奏，呼吸要保持一定的深度，才有利於氣體交換，因此，在節奏上就應該相對穩定，特別是長游時更要注意這點。

2. 協調有節奏的臂腿配合動作

蝶泳的節奏性是蝶泳配合技術最顯著的特點之一，有專家認為，蝶泳就是游節奏的泳式。蝶泳臂腿的配合形式是 1：2，即兩臂划水 1 次，打腿 2 次。體現這個節奏的核心是兩臂推水動作與第二次打腿的配合，要求兩個動作同時完成。這就是說第二次打腿到最低點時兩臂推水結束並開始移臂。

初學者往往在這一點上失去了正確的節奏。軀幹擺動要與臂腿動作協調，不能以打小腿代替腰的擺動，造成臂腿動作僵硬、不協調。

要糾正這一點應強調兩臂入水點遠一些，肩帶放鬆並前伸，借助此時向下打腿的反作用力提臂，從而使初學者逐步形成良好的蝶泳配合節奏。

3. 逐步增長游距

逐步增長游距對游蝶泳來說很重要，但增加蝶泳長游距離還應該注意以下幾個方面。

　　對游蝶泳來說，增長游距一定要以維持正確的動作
節奏為前提。如果以不規則的動作節奏完成游距，會破
壞蝶泳動作的正確節奏，使技術動作結構發生錯誤的改
變。國內外游泳教練員認為，蝶泳練習距離不宜太長，
最好在 25 公尺短池進行訓練，這有利於保持蝶泳正確
的技術動作和正常的動作節奏。

　　因此，增加蝶泳游距離的最好方法是分段練習法，
即把目標距離分成幾個較短的距離，用分段的形式完
成。如目標距離為 1000 公尺，可分成 5 個 200 公尺或
10 個 100 公尺來完成，這樣比連續游完 1000 公尺技術
質量要高，動作節奏也有保證，從而達到了鞏固提高技
術和鍛鍊身體的作用。

增長游距要求距離的增加應有計劃、有步驟，不能盲目安排。在初學階段，不宜增加蝶泳的游距，可由泳式交替變換練習增加距離，蝶泳穿插在泳式中，這樣既可調節單一姿勢的疲勞，又可增強蝶泳游進的能力。

　　對中年人和少年兒童，不宜過多安排或太集中安排蝶泳長游，也不宜進行距離太長的蝶泳長游，因為蝶泳運動負荷較其他三種泳式大，太大的負荷容易引起身體過分疲勞。蝶泳練習對老年人和身體較弱者更應慎重，一般不宜用蝶泳長游，可進行較短距離的蝶泳練習。

　　增加蝶泳長游距離應先增加分解動作的練習距離，如扶板打腿、夾板划臂等，為逐漸延長蝶泳配合游打下基礎。

4. 提高耐力的練習

　　由於蝶泳游距的限制，常與其他姿勢結合，發展蝶泳的一般耐力，提高蝶泳耐力水準。

　　蝶泳一般耐力練習屬有氧代謝運動，提高有氧代謝水準對增強體質意義重大。耐力練習方法常採用任意游、持續游、變速游、間歇游等方法，這已經在蛙泳中介紹，不再贅述。

　　這裡著重談談練習負荷。根據游泳能量訓練分類，有氧訓練分四級負荷（表2），游泳愛好者可根據自己

表 2　游泳有氧代謝能量訓練分類表

有氧代謝分類	心率次／分	休息時間
任意游	120 以下	任意
低強度有氧	120～150	10～30 秒間歇
無氧國	140～170	10～40 秒間歇
最大攝氧量	160～180	20 秒間歇至 1：1

引自蔣金日《能量訓練分類與應用》

的情況，選擇合適的練習負荷，提高自己的耐力水準。

八、
怎樣才能游得快

減小阻力和增大推進力
適宜地加快頻率和增大划步
良好的出發和轉身
技術練習
提高速度的練習
提高速度耐力的練習
系統科學的訓練

八、怎樣才能游得快

蝶泳是一種對綜合身體素質要求較高的泳式，提高蝶泳游進速度需要全面發展身體素質。

1. 減小阻力和增大推進力

游泳阻力主要來自軀幹部分，蝶泳游進時的身體姿勢是不穩定的，由腰部發力而形成的波浪式打腿動作，能獲得較大的推進力，但在蝶泳高速游進時，大幅度的波浪式打腿反而使身體運動增大垂直阻力。蝶泳由原來的大波浪技術，演變為今天的小波浪技術的主要原因，就是為了減小身體運動的垂直阻力。

儘管蝶泳身體姿勢呈波浪式運動，但身體的起伏仍然要小。吸氣時下頜前伸，而不是抬頭吸氣，移臂低頭也不宜太低。

總之，蝶泳游進時要保持高而平的身體姿勢，使人感覺蝶泳快速游進時身體好像在水面上飄。在一個動作周期內蝶泳所獲得的推進力最大，同時推進力變化也最明顯，所以，蝶泳要克服的慣性阻力最大。

增大蝶泳的推進力不應僅從手臂划水動作效果上考慮，儘管這是最主要的推進力來源，更重要的應從蝶泳完整配合動作認識增大推進力的意義。

　　眾所周知，游泳勻速運動最省力也最經濟，在一個動作周期中，運動速度相對均勻，能有效保證各個動作周期速度銜接相對平穩，如爬泳、仰泳兩臂交替連貫的動作，使游進速度波動不大，要克服運動中的慣性阻力也就小，在這種情況下打腿的作用主要是維持身體平衡。而蝶泳有所不同，在一個動作周期中，打腿有著協調兩臂划水、維持身體平衡和推進作用。

　　第一次打腿彌補了兩臂同時向前移臂、身體前進速度的空檔；第二次打腿則加強了兩臂推水的力量。因此，協調有力地打腿有助於蝶泳的推進力增加。

2. 適宜地加快頻率和增大划步

　　加快蝶泳的動作頻率關鍵在於加快動作節奏，在於臂腿動作協調緊湊的配合。由於一次划臂中打腿兩次，初學者往往是打腿頻率跟不上划臂動作，導致手臂動作停頓現象，使蝶泳游進的頻率降低。

　　對初學者來說，提高打腿動作的頻率，加強臂腿動作的配合練習有助於提高蝶泳動作頻率。當然動作頻率的增加是有限度的，過快、過慢的動作頻率都不利於蝶

泳速度的發揮。

　　頻率過快對蝶泳來說不僅使划臂失速抓不住水，更重要的是破壞了配合節奏；頻率太慢更容易使蝶泳動作節奏紊亂，臂、腿動作無力。

　　所以說，蝶泳同其他姿勢的主要區別是游進時必須要保持正常的動作節奏。目前世界優秀蝶泳運動員動作頻率為4～5秒／5個動作。

　　增大划步是提高蝶泳速度的主要途徑，增大划步實質是提高划水效果。影響蝶泳划水效果的因素同蛙泳、仰泳和爬泳一樣，受手臂動作、划水路線和划水速度等因素的影響。但蝶泳是兩臂同時划水，因此，還要強調兩臂划水動作對稱一致，還應強調與強有力的打腿協調一致。

　　兩臂划水動作不管是採用「漏斗形」划水路線還是「鑰匙孔形」划水路線，都要求兩臂推水時手掌靠近，

這對加速推水十分有利。

初學者易產生內划不到位的毛病，使推水時兩手處在身體兩側，影響了推水動作的效果，也容易導致身體位置低的現象。因此，提高划水效果不僅要重視改進、提高局部動作，更應從完整配合的整體動作考慮，因為在實際游進中，每一局部動作效果都是整體運動綜合效果的具體體現。

3. 良好的出發和轉身

蝶泳屬臺上出發的一種姿勢，出發效果取決於練習者反應快慢和出發技術動作質量。反應速度受神經系統的傳導速度影響，提高反應速度主要透過平時反應類練習的訓練。

另一方面，調節好出發前呼吸和心理準備也有利於縮短反應時間。練習者上出發臺後要做一兩次深呼吸，放鬆肢體；「各就位」口令發出後要注意力集中，專注聽出發信號，為迅速做出出發動作做好充分準備。

出發技術質量包括起跳效果和滑行效果兩方面，起跳效果受起跳動作速度和起跳角度、初速度影響，提高出發動作的熟練程度、增強下肢爆發力和掌握正確的出發技術，才能提高出發動作效果。

出發信號發出後身體要迅速前倒（重心前移），以

便形成合理的起跳角度，因此，身體前倒與蹬臺起跳的時機決定起跳角度大小。

另一方面，蹬臺時機還應同起跳力量大小相適應，以獲得合理的起跳角度。這一點應引起初學者的高度重視。蹬臺過早，起跳角度大，騰空高而不遠，達不到理想的出發效果；同樣，蹬臺太遲則起跳角度太小，也達不到出發要求。

身體前倒與蹬臺起跳的時機還影響身體在騰空中的

翻轉動作，從而影響身體入水姿勢。

　　滑行是出發技術的重要環節，是出發動作效果的延續。在游泳規則允許轉身和出發後，可以做 15 公尺潛泳的前提下，僅靠出發產生的動量是滑行不了 15 公尺距離的，要充分利用規則就必須補充推進力，延長滑行距離。蝶泳打腿是除蛙泳蹬腿外推進力最大的腿部動作，目前除蛙泳外，爬泳、仰泳都採用蝶泳式打腿動作，以增加出發轉身後水下滑行距離和滑行速度。

　　蝶泳打腿不管在水下還是水面，都要強調頭部穩定、肩前伸的動作要求，主要依靠腰部發力完成腰腿波浪式鞭打動作，這對提高蝶泳打腿的推進力十分有效。

　　蝶泳轉身技術是擺動式轉身，同蛙泳相同，區別在於轉身後的滑行動作不一樣。轉身快就要做到游近池壁要快，應強調加速游近觸壁；轉身快且動作到位，強調靠（池壁）收（腿）轉（體）擺（體）蹬（壁）動作連貫流暢。

　　「靠」要求雙手觸壁後，身體借助前進的動力向池壁靠近。

　　「收」腿要及時充分，以收大腿為主。「轉」包括身體從平臥轉成直立（繞額狀軸轉動）和身體繞縱軸轉成側對游進方向，要求兩個旋轉連貫動作疊加。

　　「擺」，身體側擺是繞前後軸的又一次轉動，要通

過頭部和手臂的擺動加快身體側擺，擺動要到位，即整個身體要潛入水下，身體在水下成水平側臥，腳前掌緊貼池壁並使腿部各關節形成合理的蹬伸角度。

「蹬」要迅速有力，蹬出後身體轉成俯臥滑行。做好轉身動作，要加強平時的專門性練習，熟練掌握轉身動作。轉身後的滑行動作與出發後的滑行相同。

4. 技術練習

蝶泳技術練習圍繞蝶泳的基本技術和動作節奏展開。以基本技術練習為基礎，強調技術動作練習的節奏感。蝶泳技術練習還應與發展身體的柔韌性和靈活性緊密結合，蝶泳移臂動作對肩關節的柔韌性和靈活性要求較高，不提高肩關節的柔韌性和靈活性就會影響蝶泳的移臂動作；其次是軀幹和踝關節的柔韌性和靈活性，直接影響蝶泳打腿動作和腿部動作的質量。

蝶泳手腿動作練習種類較多，為便於初學者練習和掌握，這裡介紹一些主要的練習手段與方法：扶板打腿、潛泳打腿、側打腿、反蝶泳腿、兩手置於體側打腿、一臂前伸另一手臂置於體側打腿、夾板划臂、各類單臂交替划臂打腿練習等。在陸上還可以做臂腿動作的模仿練習，提高局部技術的準確性和規範性。

蝶泳配合技術練習主要有：單臂配合游、不同單臂

動作次數交替配合游，單臂與雙臂交替配合游、正常節奏配合游等，強化練習者控制動作的能力和掌握正確的配合動作節奏，提高蝶泳配合游的動作技巧。陸上也可進行臂腿動作配合節奏的練習，在「口令」或「擊掌」節奏引導下練習臂腿配合節奏。

5. 提高速度的練習

提高速度的練習主要是短距離快速游、衝刺游，以提高身體位移速度。如15～50公尺（出發或蹬邊）蝶泳計時游、控制呼吸次數衝刺游、快速打腿和划臂等。

快速動作練習對提高動作的絕對速度效果明顯，有助於提高游進速度。這類練習通常在原地進行（水中或陸上），採用動作計時、計數等手段提高動作速度，也可結合陸上拉力練習或水上划水動作進行。

速度練習應安排在體力相對充沛的時間內進行，這有助於發揮速度水準，衝破原來的速度模式，而獲得新的速度感。速度練習與練習之間的休息時間要充分，基本要求是1：6，即練習1分鐘，間歇6分鐘。

6. 提高速度耐力的練習

速度耐力是一種速度能力的體現，人在氧供應不足的情況下的持續運動，其運動能力取決於機體無氧代謝

能力，凡是發展機體無氧代謝能力的練習都有助於提高速度耐力水準。

提高蝶泳游進的速度耐力，通常有間歇練習法、重複練習法、變速練習法、負分段練習法等。練習距離50～400公尺之間，總距離因人而異，一次課約控制在800～1000公尺之內。

速度耐力練習強度高，練習時心率達到或接近本人最大心率的極限值；游進速度要求以接近本人最大速度的90%以上速度完成練習；練習之間的休息控制在1：1～8範圍，即練習1分鐘，間歇1～8分鐘。

7. 系統科學地訓練

訓練系統化、科學化是提高蝶泳運動水準的保證。對初步掌握蝶泳技術動作的游泳愛好者來說，接受訓練有兩種形式。

其一，參加游泳俱樂部或游泳學校之類的專門學校，在具有一定專業素養的教練員指導下接受正規訓練，這類訓練系統科學，而且訓練效果明顯。

其二，自我訓練或在家長指導下訓練，這種形式的訓練簡便，適宜初訓階段，但隨意性大，且專業水準參差不一，難以保證訓練的科學性和系統性，尤其在達到一定運動水準時，這類訓練就不能滿足進一步提高運動

水準的訓練要求。

　　系統訓練強調游泳訓練要持之以恆，不可三天打魚兩天曬網。系統訓練保證了鍛鍊效應的累加效果，有助於技術、技能的提高和體能的發展。

　　保證系統訓練的關鍵是自覺性和計劃性，前者受主觀因素的影響，應培養終身體育鍛鍊的習慣，形成良好、健康的生活方式尤為重要。後者受計劃的可行性影響，依據不同時期、不同層次的訓練目標和任務以及硬件條件制定科學合理、切實可行的訓練計劃，有利於訓練計劃的實施。

　　科學化訓練的核心是遵循人體生物力學發展規律和訓練學規律，在增進身體健康的前提下，不斷提高游泳技術水準和運動成績。因此，在訓練設計方面應注意下面幾點：

　　（1）合理安排訓練時間間隔和單一訓練持續時間。

　　（2）合理確定各訓練內容在不同時期階段的訓練分量。

　　（3）合理安排運動負荷，負荷由數量和強度組成，不同負荷結構決定了負荷作用方向（優先發展規律）。

　　（4）科學合理地變更訓練計劃和手段，因人因時

因地而異，強調計劃與手段的針對性和有效性。

九、
蝶泳知識介紹

常識類

比賽規則類

蝶泳等級標準及紀錄

名人類

九、蝶泳知識介紹

1. 常識類

（1）日光浴時如何保護皮膚？

日光照射不僅能增進游泳者的健康，還賜予游泳者一身黝黑、健美的膚色。但是，進行日光浴時，應注意適可而止，特別是夏季不可過度地將身體裸露於強光下暴曬，使皮膚的受光部分出現紅腫、水疱、灼熱、疼痛等炎症反應，甚至損傷皮膚細胞，導致細胞變性，使皮膚發生日光性角化病。這不僅會促使皮膚乾燥、老化，還會使皮膚脫皮和出現重重皺紋，嚴重時還會使皮膚發生惡性病變，導致皮膚癌的發生。

因此，進行日光浴時，應注意保護皮膚。其方法如下：

①避免皮膚日曬過久，如發覺有瘙癢感和灼痛感時，應立即停止日光浴。

②避免皮膚直接暴曬，晴天下午 1～3 時游泳後，

最好在太陽傘或樹蔭下避免陽光直曬的地方休息；如無避曬的地方，也可將毛巾、衣服披在身上。

③皮膚如經暴曬，可塗護膚濕潤劑和防曬霜。如發現皮膚發生曬傷，應及時搽抹清涼止痛的油膏。

④注意游泳和日光浴的良好結合。即游泳身體發冷後，可上岸進行日光浴；日光浴時感到皮膚有灼熱感時，即下水游泳。

（2）游泳者進行日光浴時如何保護眼睛？

進行日光浴時，應注意保護眼睛，因為日光對人體持續的照射，不僅會導致皮膚癌的發生，而且還會使眼睛出現白內障。

因此，在游泳和進行日光浴時，必須注意保護眼睛，其具體方法是：

①做日光浴時，應注意控制日曬時間。日曬時間應根據陽光的強弱而定，陽光越強，日曬的時間應越短。

②夏季應避免在陽光下直曬臉部，進行日光浴時，應戴墨鏡或用草帽、浴巾遮掩臉部。

③不要用眼睛看太陽和強光反射的水面。

（３）游泳時可能導致哪些眼病的發生?應如何防治？

　游泳，由於眼睛長時間同水接觸，易於使水中的細菌、病毒和刺激性物質侵入眼內，而致使游泳者發生眼睛疾病。

因游泳而引起的眼睛疾病，主要有沙眼、游泳性結膜炎（俗稱紅眼病）和過敏性反應（俗稱游泳眼）。

沙眼是發展進程較為緩慢的傳染性眼疾病。游泳中沙眼的傳播，是患有沙眼的病人將沙眼病毒帶入水中，然後由水又侵入健康人的眼內。

【沙眼的症狀】

最初症狀不明顯，有輕微的異物感和少量的分泌物；隨著病情的發展，這些症狀逐漸顯著，異物感明顯，發癢，燒灼感和分泌物增加，眼睛發紅；嚴重時產

生瞼內翻、倒睫、角膜潰瘍、疼痛、畏光、流淚，刺激感和異物感加劇，並有視力障礙。

游泳性結膜炎，是在夏季游泳季節裡，最常見的一種急性傳染性眼疾病。它是由濾泡性病毒侵入眼內而引起的。它的傳播途徑，是患有這種眼病及非淋球菌性尿道炎的病人進入游泳池游泳，將病毒帶入水中，然後隨水侵入健康人的眼中。游泳性結膜炎的傳播速度快，來勢猛，幾天內即可使傳染區域內的游泳者傳染上此病，應特別注意預防。

【游泳性結膜炎的症狀】

眼睛發紅、發癢，結膜充血加劇，並持續不消，有水樣和粘液狀的分泌物和明顯的刺激症狀，早期無視力障礙。結膜炎消退的幾天內，出現點狀角膜炎，並伴有怕光、眼酸痛、視力模糊等症狀。

游泳眼是游泳者游泳時眼睛和游泳池內的淨化水中的殘留餘氯、氯、硫酸銅等化學物質長期接觸，所引起的一種過敏性的眼病。

【游泳眼的症狀】

游泳者的眼睛一進水，就發紅、發癢，嚴重時眼睛還有刺痛感。游泳後 30 分鐘左右，症狀自行消失。

【防治方法】

①在天然水域中游泳時，應選擇清潔水域。嚴禁在

污　染了的水域中游泳。

②在游泳池中游泳時，應選擇有循環過濾和吸塵消毒等衛生設備和水質較好的游泳池游泳。

③在紅眼病流行期間，不在流行區域內的公共游泳池和靜水水域中游泳。

④每次游泳後，用清水沖洗眼睛，並滴少許氯霉素眼藥水。

⑤如游泳者已發生紅眼病，應立即停止游泳，然後塗抹金霉素眼膏，滴注氯霉素眼藥水。

近年來，游泳者使用游泳眼鏡，為預防游泳眼病的發生起了很大的作用。游泳者戴上游泳眼鏡游泳，可盡量避免和減少眼睛同水的接觸，自然也減少了細菌、病毒的侵入和化學物質的刺激，從而大大地減少了游泳眼病的發生。

因此，游泳愛好者在游泳時，應當提倡使用游泳眼鏡，以減少和杜絕游泳眼病的發生與傳染。

（4）為什麼游泳者進餐後和饑餓時不宜游泳？

進餐後不宜游泳。這是因為進餐後人體的消化器官必須對食物進行消化，胃腸蠕動加快，消化液分泌增加，大量的血液流向胃腸。如果這時去游泳，會因為運動的需要，而使胃部的血液返流到四肢和肌肉，這就會

影響人體對食物的消化和吸收。

其次是因為進餐後，胃內充盈了食物，橫膈上頂，影響呼吸，不利於運動。若此時下水游泳，就會因運動時腹肌的收縮和水的壓力，使腹內壓升高，而引起腹脹、腹疼、噁心、嘔吐等不良反應的發生。

此外，冷水的刺激，也可能使腹部血管和胃腸平滑肌收縮，使上述不適現象加劇。進餐後一般應休息1～1.5小時，方可進行游泳鍛鍊。

饑餓時，也不宜游泳。這是因為游泳時，由於運動、低溫和水的導熱性，使身體的熱量大量消耗。而人體的熱量主要來源於糖的分解，饑餓時，糖元供應不足，人體血糖濃度降低，人體內的糖貯量滿足不了游泳的需要，於是就會發生低血糖症。

此時，游泳者輕則感到頭昏、眼花，重則可能發生低血糖休克。一旦休克者暈倒在水中，其後果就不堪設想，因而饑餓時也不宜游泳。

游泳鍛鍊，一般應安排在飯後1～1.5小時和胃部無饑餓感時進行。

如果因時間關係，游泳時間需要延後，可以游泳前喝一些糖開水，或在下水前一個小時吃一點麵包、餅乾等易於消化的食物。游泳後，不要急於進餐，應先休息10～20分鐘後再進餐。

（5）游泳時可能導致哪些鼻腔疾病的發生？應如何防治？

游泳時，常見的鼻腔疾病有急性鼻炎和鼻竇炎兩種。

①急性鼻炎

急性鼻炎的病因：不常游泳的人，鼻粘膜受到冷水刺激後，不能適應而使抵抗力降低，細菌和過濾性病毒乘虛而入，造成了急性炎症。

急性鼻炎的症狀：鼻癢，鼻乾，打噴嚏，數小時後有鼻塞和大量清水鼻涕，3～4天後，鼻涕變為黃膿狀，常伴有輕度的發燒。

急性鼻炎的防治方法：

A.加強冷水浴和游泳鍛鍊，增強身體對冷水刺激的適應能力。

B.開始游泳時，時間不宜太長，上岸後應注意保暖。

C.傷風、感冒後，應停止游泳。

D.發現患此病後，應及時服用薑湯，並滴注1%麻黃素或腎上腺素溶液。

②鼻竇炎

鼻竇炎的病因：

游泳時傷風、感冒，使鼻粘膜上的細菌增多，並侵入副鼻竇，造成了副鼻竇粘膜的急性炎症。游泳時呼吸方法不正確（用鼻吸氣）和嗆水時細菌隨水進入鼻竇。

鼻竇炎的防治方法：

A. 加強冷水浴和游泳鍛鍊，增強身體對冷刺激的適應能力，防止傷風、感冒的發生。

B. 掌握正確的游泳呼吸方法，避免嗆水和鼻腔進水。

C. 若發生鼻腔進水，可用手指壓一側鼻孔，將另一側鼻孔的水排除，切不可用力捏鼻排水和擤鼻涕，特別是不能用拇指和食指同時捏鼻子擤鼻涕，以防止鼻腔內的積水和鼻腔分泌物經耳咽管進入中耳，以致引起中耳炎。

D. 游泳後，用熱毛巾熱敷鼻部，以促進局部血液循環，幫助消炎。

E. 輕微的鼻竇炎者，可滴注 1% 麻黃素或腎上腺素溶液。病情較嚴重者，應請醫生治療。

（6）游泳者應如何掌握游泳時間？

游泳時，水溫一般低於體溫，加之水的導熱性又是同溫度空氣的 25 倍，因而人體的熱量易於由傳導而大量散失，並導致體溫的下降。雖然游泳池水的低溫，一

般不會損害游泳者的健康，但是，過長時間在低於體溫的水中活動，仍會因體表溫度的下降而降低神經肌肉的興奮性，引起肌肉僵硬，不易放鬆，動作協調性受到破壞，過早出現疲勞，運動能力下降，甚至出現抽筋，導致溺水事故的發生。因此，游泳時必須根據氣溫和水溫的變化，正確地掌握游泳時間。

游泳者要正確掌握游泳時間，必須了解人體在水中體溫調節機能的變化規律，注意游泳時出現的體徵。

游泳時，人體的體溫調節機能會發生四個階段的變化：

第一階段（發白反應時期）：初下水的幾分鐘，由於冷水刺激，引起了皮膚毛細血管的收縮，皮膚發白。

第二階段（發紅反應時期）：下水後 30～60 分鐘以後，由於皮膚血管反射性舒張，流向皮膚的血液增多，皮膚發紅。游泳者主觀上有溫暖感。

第三階段（寒顫期）：下水 30～60 分鐘以後，由於身體熱量散失過多，引起肌肉不自主地收縮，出現寒顫，以增加熱量。此時游泳者感到寒冷。

第四階段（發紫反應時期）：游泳時間過長，小動脈收縮，人體血液大量停滯在靜脈之中，皮膚發紫。

不同的游泳者，上述各個階段的出現和維持的時間各有不同。經常參加游泳鍛鍊的人，發紅反應時期出現

得早，而維持得又久，故在水中停留較長時間也不覺寒冷。而不經常參加游泳的人，發紅反應時期來得晚而較短暫，而寒顫期卻提前到來，因而在水中游不多久，就全身發冷，瑟瑟發抖。

不論參加游泳鍛鍊時間長或短的游泳者，當身體出現寒顫時，都應當及時上岸，保暖休息，或做些陸上活動，以加快人體的產熱過程。若繼續停在水中，就有可能導致感冒和抽筋現象的發生。

一般情況下，在 25℃ 的水溫中，經常游泳的人，可在水中游 80～90 分鐘；而下水較少的人，最好是將水中活動的時間控制在 50～60 分鐘以內。如果水溫降低，游泳時間還應相應縮短。

（7）冬泳對游泳者健康有哪些好處？

冬泳，除具有游泳鍛鍊的所有的健康效益外，尤其對人體的體溫調節機能產生十分有益的影響。堅持冬泳，能提高人體的體溫調節機能和對寒冷的耐受力及對環境溫度下降的適應能力。

一般未經過游泳鍛鍊的人，在 10～12℃ 的水溫中，最多只能持續浸泡 10 分鐘，持續浸泡時間超過 30 分鐘，就會失去知覺；超過一個小時，就可能發生生命危險。

眾所周知，冬泳是在低溫的水中進行的。冬泳時，當人們從氣溫較高的陸上，進入溫度較低的水中，由於環境溫度的降低，使人體皮膚的感受器受到了刺激，並將這一刺激傳到中樞神經系統的產熱中樞，透過產熱中樞的調節，加強了肝糖元的分解和氧化過程，從而產生了大量的熱能來保持體溫的相對恆定和抵禦寒冷的侵襲。參加冬泳鍛鍊的人，能長時間在低溫的水中，並保持體溫不下降，是因為冬泳時冬泳者經常受到冷水刺激，建立了鞏固的體溫調節的條件反射，使人體對寒冷的抵抗力大大增強的結果。

　　二是冬泳時冷水的刺激可使血管進行強的收縮和舒張，從而使血管得到充分的鍛鍊，彈性增加，功能增強，對預防血管的硬化、衰老和冠心病等心血管疾病，都有十分重要的作用。

　　三是冬泳鍛鍊能對中樞神經系統有興奮和強健的作用。冬泳時的冷水刺激，能提高中樞神經系統的興奮性和緊張度，減輕或消除大腦皮層的抑制過程。從而使人精神振奮，情緒歡快，這對精神委靡、情緒抑鬱、神經衰弱等症狀有良好的治療作用。

　　四是冬泳能增強代謝和消化功能。冬泳時由於水溫很低，身體熱量消耗很大，體內代謝過程十分旺盛。冷水刺激能活躍消化系統的血液循環，刺激胃腸平滑肌收

縮，使胃腸蠕動增強，消化功能改善，食慾大大增強。

（8）游泳者在天然水域如何選擇游泳場地？

江、河、湖、海等天然水域是游泳者進行游泳鍛鍊的場所，但不是所有的天然水域都可用來游泳。游泳者必須注意選擇游泳場地，才能保證自己的安全和健康。

在天然水域中選擇游泳場地，必須注意以下幾個方面：

①在江河中游泳，應當選擇水深適當、流速較緩的河段，水中無凹坑、暗礁和漩渦，河床兩岸應較為平緩，水中沒有快速行駛的船隻，游泳地段附近下游沒有深潭和險灘。游泳河段最好在城市和人口稠密區的上游，以避開被城市廢水所污染的河段。

②在湖泊、水庫、塘堰中游泳，應選擇水中無淤泥、雜草和血吸蟲的水域。水的深淺，應根據自己的游泳技術水準量力而行。

③在海中游泳應選擇海岸平緩、水底無暗礁、風浪不大和沒有鯊魚出沒的水域。

④所有游泳場地，均要求水質清潔和沒有污染。

（9）游泳者遇到漩渦應怎麼辦？

在江河中游泳，常常會遇到漩渦。特別是在礁石、

橋墩和兩條河流的交匯處，更有可能遇到較大的漩渦。漩渦對接近的人和物均會產生吸附作用，尤其是較大的漩渦，旋轉和吸附力是很強的，可能將游近漩渦的人捲入水下，因此在江河中游泳，應盡量避免接近漩渦，特別是較大的漩渦。

游泳者如萬一不慎被捲入漩渦，切記不要慌張，首先應深吸氣，盡量使身體保持水平位置，並迅速將四肢展開，以擴大身體與漩渦的接觸面，相對減小漩渦的旋轉力量，並伺機用力從漩渦的一旁向外衝出。如經努力尚無法衝出漩渦時，應及時呼救，以便在他人和外力的幫助下脫離險境。

（10）游泳者被水草纏住了應怎麼辦？

湖泊、塘堰較淺處和江河中流速緩慢的地方，是良好的游泳場地。但在這些水域之中，往往又生長著較多的水草，因此游泳前，游泳者一定要注意了解水下情況，盡量避開水草叢生的水域，防止被水草纏絆的現象發生。

游泳者萬一在游泳中被水草纏住，千萬不要驚慌失措，只要採用適當的解脫方法，絕大多數人都是能化險為夷的。

被水草纏絆時，游泳者應當保持鎮靜，不要胡亂掙

扎,待判明情況後,再根據具體情況,採取適當的解脫措施。

　　如在靜水中,游泳者下肢被水草纏住,應將下肢伸直,兩手划水,由原路退回;如在流水中,游泳者下肢被水草纏住,應將身體順水流方向展開,下肢伸直,兩臂划水順下游退出自行解脫。無法退出自行解脫者,應採用仰臥姿勢,用手解脫。在潛水時,游泳者上肢、頭部和上體被水草纏住,應立即迅速浮出水面,再用手解脫。如游泳者自己無法解脫,應及時呼救。

（11）游泳者陷入淤泥時應怎麼辦?

　　塘堰、湖泊中,水下往往積有較深的淤泥,一些不了解水下情況的游泳者,在水中行走和潛泳時,往往因陷入淤泥不能自拔,以致發生溺水事故。因此,在這些水域中游泳,必須懂得陷入淤泥時的解救方法。

　　在塘堰、湖泊中游泳,首先應了解水下情況;不了解水下情況時,不要在水中行走和潛泳。游泳過程中身體應儘可能保持水平俯臥或仰臥姿勢,在水中休息時採用踩水的方式休息,兩腳不要在水中觸底站立。

　　游泳者萬一不慎兩腳陷入淤泥時,兩臂應快速、用力向下划水,以增大身體上浮力量,同時應順勢從淤泥中抽出雙腳。兩腳未離開淤泥時,不要做向下蹬腿動

作，以免再度陷入淤泥之中。

如在潛泳時游泳者頭部和上肢陷入淤泥之中，應立即停止下潛和前進，盡量爭取從原路退回，如不能從原路退回，應抬起上體，並用力向下划水和蹬（打）水，使身體儘快浮出水面。

游泳者如下肢陷入淤泥較深，又無法解脫時，必須首先設法使頭部露出水面，再向周圍和岸上的人們呼救。

（12）學會利用渦旋

加拿大教練員 Howand Firby 研究了游泳者與渦旋的關係，他認為，渦旋的形成妨礙運動員游進的速度均衡，但如利用得當，也有利於運動員動作的更為充分地發揮。日本的研究人員在解析英國著名蛙泳運動員威爾基的蛙泳技術時證實了 Firby 的論點。

威爾基在游進時，他的背後水流產生了很大的渦旋阻力，由於身體持續在向前推進，故當他蹬腿發力時，腳的發力正好作用在這些由身體帶動向前湧流的渦旋主體上，因而使他的蹬腿所產生的推進力更大、更充分，身體前進的速度就更快了。威爾基奧運會 200 公尺蛙泳決賽金牌的成績：2：15.11。分段成績：31.24（每5個動作時間 6.3），1：06.49（5 個動作 7.00），1：

40.84（5個動作 6.8），2：15.11（5個動作 6.2）。

（13）運動量與超量恢復

運動量是訓練給予人體的生理負荷量，運動量由強度、密度、數量與持續時間四個因素組成，人透過運動訓練使身體的能量相對應地消耗，在訓練後依靠休息與補充營養物質又逐漸恢復，達到原有平衡，甚至產生超過原有的水準，這一過程稱之為超量恢復。

一般來講，負荷刺激越大，能量消耗越大，超量恢復越明顯，人體的運動機能提高水準越高，運動成績自然也就越好。但凡事有度，刺激過大，休息與營養補充不夠，反而有害運動員的健康。

（14）什麼叫無氧高乳酸訓練？

發展目標成績的比賽速度和無氧能力，訓練負荷強度 105%～115%，訓練距離短於主項距離，心率 180 次／分左右，血乳酸在 10mM／L 以上，主要為提高無氧酵解供能的能力及機體耐受高濃度乳酸的能力。

（15）什麼叫無氧非乳酸訓練？

發展絕對速度，主要為提高磷酸原供能系統 ATP-CP 分解供能的能力，超短距離訓練段落，負荷強

度 105%～120%。高負荷強度的速度訓練不宜超過 3%
～5%，否則易造成訓練過度。

（16）什麼叫有氧訓練？

負荷強度為個人最好成績或目標成績的 80%～
85%。心率在 130～135 次／分，血乳酸在 2mM／L 以
下，目的主要為了加快代謝產物的轉化和消除，促進機
體的恢復。大強度訓練中的過渡及改進技術練習一般屬
於這一類強度水準。

（17）什麼叫無氧閾有氧代謝訓練？

無氧閾通常是指運動中機體每升血液中，乳酸濃度

增加到 4mM／L 時的閾值。無氧閾水平強度訓練是在有氧訓練最高峰區訓練，在此區域水平的強度訓練最有利於發展最大攝氧量，有效地提高有氧代謝能力，從而提高氧的利用率和排除乳酸的能力，並使能量使用節省化。因此，它是發展各項速度耐力的基礎。這種訓練的負荷強度約為 85%～90%，心率為 160～80 次／分，以有氧供能為主。

（18）什麼叫有氧與無氧混合訓練？

它是介於有氧與無氧訓練之間的混合供能訓練，通常維持在最大吸氧量的水平上，負荷強度為 90%～95%，血乳酸約 5～9mM／L，主要目的是為提高有氧和無氧混合供能的能力，提高乳酸耐受水平，發展速度耐力。

（19）為什麼游泳運動員的訓練要水陸結合？

高水準的游泳比賽能力需要參與者具有全面健康的身體和心理素質，僅依靠長期水中訓練是無法獲得的，水上訓練的單調性對人的心理和身體刺激也會產生負面作用。陸上各種運動項目的參與既有調節作用，也對身體的發育有良好的刺激作用。同樣，陸上運動能力同時具有遷移和代償作用，如健美操、韻律操的熟練掌握，

對游泳的協調性和節奏大有裨益，同時，水陸結合的訓練有助於運動員大腦皮層興奮，抑制轉換更為精確、敏銳，使得水上的技術掌握更為完善。

（20）高水準的游泳運動員都具有什麼樣的身體條件？

首先，應具備很高的肺活量指數（肺活量和體重的比數），具有較常人更好的浮力、柔韌性、協調性和反應靈活性，肌肉彈性好，身材勻稱，相對個兒高。

其次，心理素質也十分重要，如應具備頑強的意志力，聰明的理解能力，獨立性強，自尊、自信，有強大的承受受挫感，吃苦，忍耐痛苦與疲勞的能力，並遵守紀律，自律性強。注重自身的文化教育水準也是十分重要的因素。

（21）高水準運動員的培養需要多長時間？

女子一般需要6～8年、男子需要8～10年的系統不間斷地科學訓練。出成績的年齡：女子是16～20歲，男子是18～22歲，各種項目和泳姿對年齡的要求也有不同的規律。最年輕的是中、長距離自由式，如澳大利亞的索普，美國的埃文斯，年齡最大的是短距離自由式，如美國的短距離名將賈格爾和33歲還參加雪梨

奧運會的達拉·托勒斯（美國女子 50 公尺自由式紀錄保持者），其次為蛙泳和蝶泳世界女子 100 公尺蝶泳紀錄保持者珍尼·湯普森。這一特點與項目的力量要求有一定的關係。

（22）什麼是動作頻率和動作效果？

動作頻率是指單位時間內划臂或打腿的次數，一般計取數字為每分鐘划幾次臂，動作效果是反映每一划臂或打腿的位移距離，單位時間為公尺／秒。

$$動作頻率 = \frac{動作次數}{成績（減去出發、轉身時間）}$$

$$動作效果 = \frac{距離（減去出發、轉身距離）}{動作次數}$$

（23）優秀短距離項目的選手體型有幾種？

依據體型，可畫分為四種：

第一種：身高，力大，即所謂的巨人型，如美國的比昂迪，前聯邦德國的信天翁（格羅斯）。

第二種：中等身材，體型勻稱，爆發力好，如美國的施皮茨。

第三種：個兒高，體型相對瘦削，肌肉線條長，並十分放鬆，柔韌性好，如俄羅斯的波波夫。

（24）游泳的呼吸次數有要求嗎？常用的呼吸次數有哪幾種？

蛙泳依規則要求每划臂一次，頭部必須露出水面，所以，蛙泳途中游必須是一划一吸。

自由式的呼吸次數不受限制，途中游時，習慣多採用二划一吸、三划一吸或四划一吸，閉氣游多用在衝刺和50公尺項目。

蝶泳因動作節奏關係的制約，多採用一划一吸或二划一吸。

仰泳雖口鼻露出水面，但因划臂用力也需有節奏地閉氣，運動員多採用弱勢臂（左臂）空中移臂時吸氣，優勢臂抓水、划水時閉氣，推水時呼氣，一般多為二划一吸。

（25）游泳運動員常做的醫務監督有哪些?

①生理指標

脈搏、血壓、體重、血紅蛋白、肺活量。

②身體素質、形態

身高、指間距、腳距屈、背屈、縱跳、體脂。

③生化指標

尿蛋白、尿膽元、尿潛血、尿素氮、血乳酸、兒茶

酚胺、雄固酮、相關酶類。

④生理圖表類

心電圖、超聲心動圖、血液動力流變量、骨齡 X 片、心率遙測、最大攝氧量、Pwc 170、臺階試驗。

（26）運動起跳出發至 10 公尺的時間多少為佳？

女子自由式一般應少於 3.70 秒，蝶泳應少於 3.80 秒、蛙泳應少於 4.00 秒、仰泳以少於 4.60 秒為好。男子自由式一般應少於 3.00 秒、蝶泳應少於 3.20 秒、蛙泳應少於 3.50 秒、仰泳以少於 4.20 秒為好。

（27）運動員認為具備哪些能力的教練員是理想化的教練員？

調查專業隊人數 208 人，58%的人希望教練員有豐富的專業知識和科學訓練方法，47%的人希望在教練員的指導下能出成績，39%的人希望訓練方法與手段多樣化、興趣化，49%的人希望教練員對運動員無論水準高低，一視同仁。

（28）什麼是游泳的心理學應用？

游泳是一項長時間、單調、重複單一周期動作的運

動項目，對從事游泳訓練者的心理和意志力要求很高。對青少年要利用爭強好勝的性格特點，在訓練中可安排第一泳道為「魔鬼」泳道，要求在第一泳道進行訓練的運動員能夠承受的訓練強度最大。第二泳道為「海怪」泳道，要求在此泳道訓練的隊員能承受的游距量最大。第三泳道為「藍鯨」泳道，在此泳道訓練的運動員游距較長，強度偏低。以此類推。

（29）嬰兒能不能學游泳？

嬰兒游泳運動，在我國目前還不很普及，其中最主要的原因，是家長們擔心孩子們在游泳中發生嗆水、喝水現象和溺水事故。其實這種擔心是完全不必要的。

研究證明：嬰兒出生前，生活在母體子宮羊水中，本能地具有在水中屏息的能力，並且這種屏息能力在嬰兒出生後仍然保持著，以後隨著在陸上生活的時間增長而逐漸消退，直至3歲左右才完全消失。如果嬰兒出生後即開始游泳，這種本能的屏息能力，無須再花較多的時間去學習游泳的呼吸技術。

據科學家觀察，當嬰兒潛入水中，呼吸道就會自動關閉，反射性地截斷呼吸。前蘇聯的一些醫學家讓孕婦在水中分娩，使嬰兒直接降生在水中，實驗中從未發生幼嬰溺水現象。由此可見，嬰兒學游泳，一般是不會發

生嗆水和喝水現象的。

近年來，我國嬰兒游泳活動已經開展。1983年夏季，上海市就開辦了我國第一個嬰兒游泳訓練班，學生人數已100名，不少學生僅出生幾個月，由父母抱著到游泳池裡參加游泳訓練。

可以預見，在不久的將來，這種嬰兒訓練班將在各地陸續出現，嬰兒游泳將受到越來越多的家長和孩子的歡迎。

（30）嬰兒游泳對促進健康和發育有哪些好處？

嬰兒游泳十分有利於嬰兒的身體健康和發育。

前蘇聯專門研究嬰兒游泳的專家恰爾科爾斯基，將自己未滿7個月就出生的早產兒作為嬰兒游泳的實驗對象。這個瘦小、孱弱、行將夭亡的早產兒，在游泳活動中竟然化險為夷，轉危為安。游泳到6個月時，她的身體發育不僅明顯超過同齡順產兒的發育狀況，其發育速度還超過順產兒的2～3倍。

前蘇聯產科醫生柴可夫斯基採用的科學的「水中分娩法」，使孕婦直接在水中分娩嬰兒，或嬰兒出生幾分鐘後，即放入水中活動。後來，經過追蹤觀察發現：這些「水嬰兒」發育良好，身體健康，頭腦聰穎。

研究認為：嬰兒在母體中是在羊水中生長發育的，

十分習慣於水裡的環境，嬰兒及早地在水中活動，可以避免從母體腹中突然來到人間陸地上所遇到的各種困難。嬰兒在水中，在水的浮力的支持下，能隨心所欲地活動，既擺脫了襁褓的束縛，又避免了重力作用對生長發育產生的不利影響。這樣就可將為克服重力作用而消耗的能量，轉移到體力活動之中，從而促進嬰兒的骨骼、肌肉、大腦和前庭器官發育的加快。長期參加游泳訓練的嬰兒，其心肺功能、血液的氧化作用、肌肉間的神經協調功能、身軀與智力的發育、抵禦疾病的能力，均比普通的嬰兒強壯得多。

國外體育研究的大量資料表明：參加游泳鍛鍊的嬰兒的體重增長速度，比不參加游泳鍛鍊的嬰兒重 4.3 倍，身高增長速度快 1.1 倍，胸圍增長大 5 倍，肺活量增大 10～20 倍，而且參加游泳鍛鍊的嬰兒的疾病發病率低於不參加游泳的兒童 75%～80%。

（31）防止嬰兒「水醉」

所謂「水醉」，就是嬰兒在游泳時大量飲水，以致死亡。美國曾經發生過這樣的事故。研究結果認為，嬰兒的體重及體內血流量較少，由於急劇飲進大量的水（10 個月的嬰兒體重為 8.6 公斤，如果他飲了 0.946 升的水就會產生水醉），飲進的水使血液中的鹽分濃度

極度降低而導致死亡，所以在嬰兒游泳教學中，必須逐步摸索、掌握嬰兒游泳中的喝水規律。

一般是嬰兒在水中笑、咳嗽或偶然出水面咳嗽就會飲水。當看到嬰兒自己往水中潛的時候，口在水中動，教練員聽到嬰兒在水中飲水的聲音，就應及時把他抱到水面上。這樣嬰兒「水醉」和飲水的事就不會發生。

（32）嬰幼兒游泳教學的水溫問題

由於嬰幼兒的體溫調節器還未發育完善，嬰幼兒在水中散熱很快，因而要特別注意嬰幼兒游泳的水溫，以確保嬰幼兒健康。嬰兒出生後兩週，剛開始下水游泳的水溫，應以 36～37℃為宜；在第一個月末，可漸漸降至 35℃；周歲時要保持在 33℃左右；3 歲幼兒應在 32℃的水溫中游泳，3～5 歲不能在低於 31℃的水溫中游泳。

（33）中華人民共和國游泳的第一枚金牌和第一個世界紀錄

1953 年游泳運動員吳傳玉在世界青年聯歡節比賽中為中國獲得了第一枚金質獎章，獲得了 100 公尺的仰泳冠軍，五星紅旗第一次在國際運動會上放出光芒。在 1954 年的世界大學生運動會中，吳傳玉又獲得了 100

公尺仰泳和 100 公尺蝶泳的第二名。

1957 年戚烈雲首創 100 公尺蛙泳 1：11.6 的世界紀錄；1958 年穆祥雄以 1：11.4 的優異成績，又打破了蘇聯運動員創造的 1：11.5 的 100 公尺蛙泳世界紀錄；1959 年在第一屆全運會上，穆祥雄以 1：11.1 的優異成績打破了他自己保持的世界紀錄；1960 年莫國雄在全國游泳賽中以 1：11 的出色成績，實現了打破 100 公尺蛙泳世界紀錄的願望；繼而莫國雄在 1961 年的全國比賽中又以 1：10.3 的成績打破了他自己保持的 100 公尺蛙泳世界紀錄。

（34）第一個創世界游泳紀錄的中國女運動員

1988 年第三屆亞洲游泳錦標賽，上海女運動員楊文意打破了女子 50 公尺自由式的世界紀錄。以 24.98 的優異成績刷新了由羅馬尼亞運動員考斯塔凱保持的 25.28 的世界紀錄。

（35）潛　泳

潛泳，就是在水下採用大划臂的蛙泳進行滑行和游進的一種泳式，它是在不呼吸（憋氣）的情況下完成游泳動作的。

由於在缺氧的環境下潛泳，所以肌力和耐受力受到

一定的影響和限制，游程和活動持續時間也隨之減小。
經常參加潛泳訓練的人，在水下活動時間較一般人耐
久。由於搶救溺水者和水上傷員，多是在水中或水下進
行，因此，潛泳已成為水上救護必須具備的基本技術之
一。潛泳分為潛深、潛遠、潛準三種方法。

①潛深

潛深又稱深潛，它是不採用潛水裝置在水下 4～5
公尺的深度從事救護和水下作業的一種技能。

實踐證明，不管是潛深、潛遠或潛準，在下潛前都
應進行數次深呼吸，以便使肺泡存留更多的氧氣；但在
深呼吸時不應做過多的換氣，以免因肺泡缺乏適量的二
氧化碳而產生神經系統功能失調，導致出現眩暈現象。
在潛入水中以後，如需要上浮露出水面，動作也不宜過
猛過快，以免因水的壓力突然改變而引起人體內的生理
機能紊亂、耳膜及內臟受傷等不良反應。

②潛遠

在水下用大划臂的蛙泳做較長距離的游動稱潛遠。
大划臂的蛙泳動作輕鬆自如，在沒有受水面波浪阻力的
影響下，它的游進速度和距離都比較快、比較遠。大划
臂划水後的滑行距離一般比蛙泳遠。因此，在水下採用
大划臂的蛙泳既可以節省體力，又可以提高在缺氧環境
下的工作能力。

③潛準

潛準又稱定向潛泳。潛準是指在水中或水下用潛泳
的方式達到預定的目標或到達估計的深度。如果水質透
明度好，可見度清晰，潛準時可以睜開眼睛觀察四周，
在1公尺範圍內可以辨認物體。若條件允許時，戴上面
罩、呼吸管、氧氣瓶、腳蹼鞋，更可以提高潛準效果和
下潛深度。在尋找溺水者或傷員、打撈物品、搜索目標
時，潛準是經常使用的方法。

不管是潛深、潛遠或潛準，在下潛時，不外是採用
頭先下或足先下這兩種方法。

頭先下：先在原處踩水或取蛙泳動作，下潛前做數
次深呼吸，接著低頭抬臀，兩臂迅速用力向後、向上划
水，使身體垂直向下，然後兩腿雙足向上用力蹬水，兩
手向上划水，構成直體插入水中，最後用大划臂的蛙泳
使身體做水平滑行。

足先下：先做數次深呼吸，再用雙手及雙足向下壓
水、蹬水，使身體迅速上升，然後下潛。為了加快下潛
速度、減少身體阻力面，下潛時雙足併攏和極度屈足
（繃腳尖），雙手掌心向上托水、推水。

下潛到一定的深度時，則進行低頭收腹、團身、屈
腿、屈臂、抬臂，雙手用力向上推水。當身體呈水平姿
勢時，用大划臂的蛙泳向前游進。

（36）發生溺水事故時如何救助溺水者？

　　救助溺水者，是每個公民應盡的義務。參加救助工作的人員，必須掌握正確的游泳救助方法。

　　對溺水者的救助方法有兩類：

　　一類是救助者利用救生圈、充氣輪胎、竹竿、木頭、繩索、塑料泡沫、漂浮物等救生器材，對溺水者施救的方法，叫做間接救生法；另一類是救助者不借助任何救生器材，徒手下水對溺水者施救的方法，叫做直接救生法。

　　間接救生法：一般用於對溺水程度較輕、神志比較清醒、還能使用救生器材的溺水者。

　　在間接救助時，救助者借助救生器材即可對溺水者施救，通常使用的救生器材和方法有：

　　①救生圈

　　救助者在救生圈上繫一條長繩，將救生圈拋擲給溺水者，待溺水者抓住救生圈後，立即收拉繩索，將他拖到岸邊。

　　②竹竿

　　溺水者距岸（船）較近時，救助者可在岸邊或船弦將竹竿伸向溺水者，待溺水者抓住竹竿後，將他拖到岸（船）邊。

③繩索

救助者在長繩的一端繫一漂浮物,將繩盤成圓形,並握住繩子一端,然後將盤起來的繩子拋擲於溺水者的前方,待溺水者握住漂浮物或繩子後,將他拖到岸邊。

④漂浮物

救助者將包裝用的泡沫塑料塊、木板,游泳用的浮板、浮球等物,拋擲給溺水者,溺水者得到漂浮物後,借助漂浮器材游向岸邊。

直接救生法:當溺水者溺水程度較重、已處於神志不清、無法使用救生器材的情況下,必須利用直接救助法。直接救助要求救助者有一定的游泳、救助技術。其救助技術分為入水前的觀察、入水、游近溺水者(包括解脫)、拖運、上岸等救護過程。

①入水前觀察

救助者入水前,應對周圍環境進行快速簡要的觀察,辨別溺水者的方位、距離、水面寬窄、水流方向等,然後迅速選擇好距離溺水者最近的入水點入水。

②入水

救助者入水有腳先入水和頭先入水兩種。但無論採用哪種方式入水,都應注意加大入水的阻力面和減少入水的深度。在不熟悉的水域內,救助者應採用腳先入水的方式入水。採用這種方法入水,身體下沉不會過多,

因而救助者能迅速浮出水面，並可防止碰到水下的石頭、暗樁，而且從起跳到開始游泳能始終看到目標。

在熟悉的水域或游泳池裡，救助者可採用頭先入水的出發動作。

無論哪種游泳方式，均應注意入水動作要迅速，並且始終注意目標。

③游近溺水者

救助者為了快速地接近溺水者，一般採用速度較快的爬泳游進。為了便於觀察溺水者的情況，救助者不要將頭沒入水中。如爬泳技術不夠熟練，亦可採用抬頭蛙泳或側泳游近溺水者。

當救助者游至距溺水者2～3公尺處，應深吸氣後，再接近溺水者。如溺水者面向自己，則應潛入水中，游至溺水者身旁，兩手扶住他的髖部，將其轉至背向自己，然後進行拖運。

救助者還可以正面游近溺水者後，用左（右）手握住他的左（右）手，用力向左（右）一拉，借助慣性使溺水者的身體轉至背向自己，然後進行拖運。

如溺水者背向救助者，可直接游近溺水者，用手托其腋下，使其口鼻露出水面後，進行拖運。

④拖運

常用的拖運方法，有側泳拖運和仰泳拖運兩種。

側泳拖運法是救護者側臥於水中，一臂伸直在體側托住溺水者的後腦，一手在體側划水。兩腿做側泳蹬剪水動作，拖溺水者游向岸邊；或救護者一臂由溺者背後，沿肩、胸抱住溺水者另一側腋窩後面的肩背，另一臂在體側划水，兩腿做側泳蹬剪水動作，拖溺水者游向岸邊。

仰泳拖運法是救護者仰臥於水中，兩臂伸直，兩手托住溺水者的下頜，或兩手托住肩和腋窩部位，兩腿採用反蛙泳的動作，拖著溺水者向岸邊游進。

⑤上岸

常見的游泳池邊溺水者上岸的方法有兩種：

池邊上岸法：救護者將溺水者拖送到岸邊後，救護者用右手握住溺水者的右臂，並將其右手先放到岸上，然後用自己的左手將溺水者的右手壓在岸上，再由兩腿臂配合用力向上撐起上岸。上岸後，救護者應迅速用右手抓住溺水者的右手腕，用左手抓住溺水者的左手腕，用力使溺水者身體從面對池壁轉至背對池壁，然後將溺水者頭部以下的部位沉入水中，接著借助水的浮力，將溺水者拉到岸上。

扶梯上岸法：救護者將溺水者拖運到扶梯前，將溺水者扛在自己的右肩上，兩手握住扶梯，穩步上岸。當溺水者臀部上到岸上，即將溺水者輕輕放下，隨後將右

腿踏在池邊上，右手托住溺者頸部，左手抓住扶梯，彎腰向前，慢慢將溺水者放倒，仰臥於岸上。

在救護過程中，可將直接救護和間接救護兩種救護辦法配合使用。如救護者發現溺水者時，可先將救護器材拋擲給溺水者，然後再跳入水中，幫助溺者使用救生器材，並利用救生器材將溺水者拖上岸。

2. 比賽規則類

（1）蝶泳比賽出發規則

蝶泳比賽運動員須從出發臺起跳出發。當聽到總裁判長發出長哨聲信號後，運動員應站到出發臺上，當發令員發出「各就位」的口令後，運動員應至少有一隻腳立即在出發臺的前緣做好出發準備（手臂位置不限），在聽到「出發信號」（鳴槍、電笛、鳴哨或口令）後才能做出發動作。運動員如在「出發信號」發出之前出發，應判出發搶碼犯規。

第一次出發如有運動員搶碼犯規，發令員召回運動員並組織重新出發。第二次出發，無論哪個運動員搶碼犯規（不論該運動員是第幾次犯規），均被取消比賽資格或錄取資格。如果比賽規程規定，比賽採用「一次出發」規則，則在第一次出發時，凡搶碼犯規者，都被取

消比賽資格或錄取資格。

（2）蝶泳比賽游進中規則

蝶泳比賽運動員從出發和每次轉身後，第一次手臂動作開始，身體應保持俯臥姿勢，雙肩應於水面平行，允許水下側打腿，但任何時候都不允許轉成仰臥姿勢。

在游進中，兩臂必須同時在水下向後划水，在水面上同時向前擺動。兩腳的動作必須同時進行，允許兩腿和兩腳在垂直面上同時做上下打水動作，不允許有交替動作。在出發和每次轉身後，允許運動員在水下做一次或多次打水動作和一次划水動作，這次划水動作必須使

身體升到水面，但潛泳距離不得超過 15 公尺。在 15 公尺前，運動員的頭必須露出水面。在整個游程中運動員身體的一部分必須露出水面，不得潛泳。

（3）蝶泳比賽轉身和到達終點規則

蝶泳每次轉身和到達終點時，運動員兩手應同時觸池壁。

（4）個人混合泳比賽規則

個人混合比賽項目，在 50 公尺池設有 200 公尺和 400 公尺兩種距離，比賽中運動員每人要游四種姿勢，並必須按蝶泳、仰泳、蛙泳、自由式（蝶泳、仰泳、蛙泳以外的任何泳式）的順序進行比賽，各游四分之一距離（圖 32）。如不按規定的順序游進，將被判犯規。

在仰泳轉蛙泳時運動員必須是仰泳姿勢觸池壁後才能做轉身動作。其他泳式的轉身和游進要求均按各泳式的規則進行。

（5）混合泳接力規則

混合泳接力比賽項目主要有 4×100 公尺，也有些比賽設 4×50 公尺混合泳接力項目。混合泳接力比賽須由四名運動員按照仰泳、蛙泳、蝶泳、自由式（仰泳、

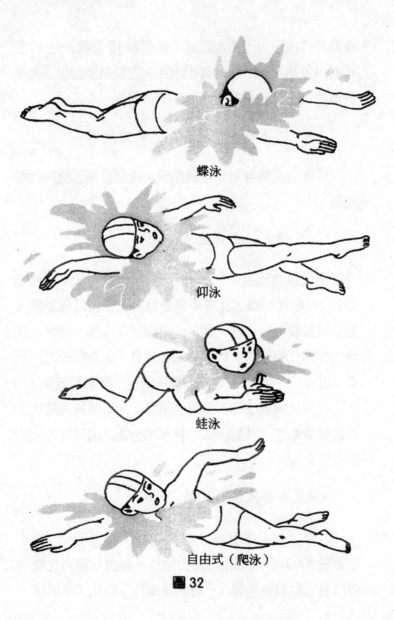

蝶泳

仰泳

蛙泳

自由式（爬泳）

蛙泳、蝶泳以外的任何泳式）的順序進行，每人游一種
姿勢。比賽中各順序的泳式規則與各泳式規則同。

　　接力比賽以隊為單位，每單位可在報名參加比賽的
同組運動員中任選四人參加。在預、決賽中，參加者可
任意調換，預賽和決賽均須將按接力棒次順序的運動員
名單在該場比賽開始前交檢錄處，否則以棄權論。在接
力比賽中，如顛倒棒次或冒名頂替，均應判為犯規。任
何接力隊員在一次比賽中只能參加一棒比賽，任何一名
隊員犯規即算該隊犯規。

　　接力比賽時，必須在前一棒運動員觸及池壁後，後
一棒運動員才能離臺出發（圖33）。如本隊的前一名

正確

圖 33

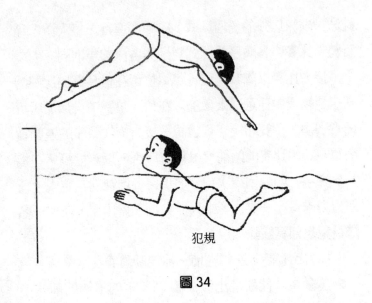

犯規

圖 34

運動員尚未觸及池壁，而後一名運動員即離臺出發，應算犯規（圖 34）。如該運動員重新返回並以身體任何部分觸及池壁再行游出時，不作犯規論。

在接力比賽過程中，當各隊的所有運動員還未游完之前，除了應游該棒的運動員之外，任何其他接力隊員如果進入水中，該接力隊將被取消錄取資格。

（6）比賽和犯規

游泳競賽規則規定，游泳比賽須遵守以下規則：
①運動員必須在自己的泳道內比賽完畢。

②游出本泳道或用其他方式干擾、阻礙其他運動員者應取消其錄取資格。

　　③由於某運動員犯規而影響了被干擾、阻礙的運動員獲得優良成績時，則應准許被干擾、阻礙的運動員補測成績或直接參加決賽。如在決賽中發生上述情況，應令該組重新決賽（犯規運動員除外）。

　　④比賽中，運動員轉身時必須使身體某一部分觸及池壁。轉身必須從池壁完成，不能跨越或行走。

　　⑤在比賽中不允許拉分道線，除自由式可在池底站立外，其他泳式（包括自由式）均不得跨越或行走，否則算犯規。

　　⑥在比賽中，運動員不得使用或穿戴任何有利於其速度、浮力的器具（如手蹼、腳蹼等，但可戴護目鏡），不能跨越或行走。

　　在比賽中不允許陪游、帶游，不允許速度誘導或採取任何能起速度誘導作用的辦法，否則算犯規。

　　⑦接力比賽的前三棒運動員游完後，在不影響其他運動員比賽的情況下儘快離池，並不得觸停其他泳道自動計時裝置，否則即判犯規。

　　⑧在一項比賽進行過程中，當所有比賽的運動員還未游完全程前，未參加比賽的運動員如果下水，應取消其原定的下一次的比賽資格。

⑨短距離項目進行預賽、半決賽、決賽三個賽次，中長距離項目和接力項目進行預賽、決賽兩個賽次。預賽半決賽結束後，有兩名以上運動員成績相等而超過了原定的參加半決賽、決賽人數時，確定參加半決賽、決賽人選的辦法如下：

如採用自動計時裝置（包括三個盲表和三個獨立計時秒表），預賽、半決賽後，同組或不同組的運動員成績相同者，在決定人選時都必須重賽，按重賽後的名次確定參加半決賽、決賽人選。

如採用人工計時（不包括三個獨立計時秒表），預賽後，同組的運動員成績相同者，不重賽，按預賽名次確定參加決賽人選。不同組的運動員成績相同者，按下面三例辦法確定重賽的運動員，根據重賽後的名次確定參加決賽人選。

甲、在某項預賽後，兩組或兩組以上的運動員成績相同，需要確定一名參加決賽，應按各組終點名次最前一名參加重賽。重賽後名次最前的一名運動員參加決賽。

乙、在某項預賽後，A 組甲、乙、丙（按終點名次排列順序）運動員與 B 組甲運動員成績相同，需要確定兩名參加決賽，A 組丙應淘汰，由 A 組乙和 B 組甲重賽，重賽後優勝者與 A 組甲參加決賽。

丙、在某項預賽後，A 組甲、乙運動員與 B 組甲、乙運動員成績相同需要確定兩名參加決賽。應由這四名運動員一起重賽，重賽後名次列前的兩名運動員參加決賽。

重賽應在所有有關運動員游完預賽至少 1 小時後（或經有關方面協商確定時間）進行。以抽籤方法安排泳道。重賽成績相同，進行第二次重賽。

（7）全國紀錄

2001 年國家體育總局頒布的《游泳競賽規則》規定了我國設立的全國紀錄項目和申請辦法。

①男子、女子 50 公尺池全國紀錄的項目：

自由式：50 公尺、100 公尺、200 公尺、400 公尺、800 公尺、1500 公尺。

仰泳：50 公尺、100 公尺、200 公尺。

蛙泳：50 公尺、100 公尺、200 公尺。

蝶泳：50 公尺、100 公尺、200 公尺。

個人混合泳：200 公尺、400 公尺。

自由式接力：4×100 公尺、4×200 公尺。

混合泳接力：4×100 公尺。

②男子、女子 25 公尺池全國紀錄的項目：

自由式：50 公尺、100 公尺、200 公尺、400 公

尺、800 公尺、1500 公尺。

仰泳：50 公尺、100 公尺、200 公尺。

蛙泳：50 公尺、100 公尺、200 公尺。

蝶泳：50 公尺、100 公尺、200 公尺。

個人混合泳：100 公尺、200 公尺、400 公尺。

自由式接力：4×50 公尺、4×100 公尺、4×200 公尺。

混合泳接力：4×50 公尺、4×100 公尺。

③每一個項目只允許一個成績作為全國紀錄（自動計時裝置記錄的成績，半自動計時裝置記錄的成績或人工計時記錄的成績）。如是人工計時成績或半自動裝置計時成績必須是三名計時員同時計取的，方可申請為全國紀錄。

④一名運動員在一次競賽中，同一個項目先後數次的成績超過原全國紀錄，當後一次高於前一次成績先後超過原全國紀錄時，後者高於前者的方可申請為全國紀錄。如同時在兩地舉行比賽，兩地運動員成績高於原全國紀錄，成績相同，凡在 24 小時以內創造的方可申請為全國紀錄；成績相同，以先創該項成績者方可申請為全國紀錄，後者為平全國紀錄。

青少年運動員，創全國少年紀錄的同時創全國紀錄，可申請全國紀錄。

⑤凡在符合本規則有關規定並有國際級或國家級游泳裁判員參加裁判工作的比賽中創造的成績，可申請為全國紀錄。

⑥接力比賽中第一棒運動員的成績可申請為全國紀錄，但運動員本人、其教練員或領隊須在該場比賽前明確向總裁判提出申請。如這一名運動員按規則有關規定在他本人的游程中創造了這一項目的紀錄，即使本隊其他隊員在他游完後因犯規而被取消錄取資格，這一紀錄仍應被承認。

⑦運動員在一單項比賽中的某一段成績可申請為全國紀錄，但他本人、其教練員或領隊須在該場比賽前向總裁判提出申請。而這一名運動員必須在比賽中游完該項的全程，方可申請這一紀錄。

⑧創紀錄：

正式成績只有一個（自動計時成績、半自動計時成績或人工計時成績）。運動員在正式成績與國家體育總局公布的全國紀錄相比較，凡超過者為創全國紀錄。如全國紀錄 1：11.51，運動員成績是 1：11.5，應算創全國紀錄，再如全國紀錄為 1：11.5，運動員的成績是 1：11.49，應算創全國紀錄。

平全國紀錄的運動員，承認為全國紀錄的共同保持者。

⑨運動員創全國紀錄必須經過興奮劑檢查合格後，方可由運動員所在單位按國家體育總局公布的「申請創全國紀錄的辦法」辦理申請手續。

3. 蝶泳等級標準及紀錄

（1）全民健身蝶泳鍛鍊標準

性別	等級 成績 項目	一級（飛魚）		二級（鯨魚）		三級（海豚）		四級（海 豹）
		50公尺池	25公尺池	50公尺池	25公尺池	50公尺池	25公尺池	
男子	50公尺蝶泳	51.00	50.00	1：11.00	1：10.00	1：41.00	1：40.00	用競技游泳姿勢，連續游二百公尺
	100公尺蝶泳	1：50.00	1：48.00	2：27.00	2：25.00	3：27.00	3：25.00	
女子	50公尺蝶泳							用競技游泳姿勢，連續游二百公尺
	100公尺蝶泳							

（2）游泳運動員蝶泳技術等級標準

項目	國際級健將		運動健將		一級		二級		三級		少年級	
等級	50公尺池	25公尺池	50公尺池	25公尺池	50公尺池	25公尺池	50公尺池	25公尺池	50公尺池	25公尺池	50公尺池	25公尺池
男 50公尺蝶泳												
100公尺蝶泳	54.90	53.40	58.00	56.50	1：01.00	59.50	1：12.00	1：10.50	1：30.00	1：28.50	1：59.00	1：58.00
200公尺蝶泳	2：01.65	1：58.65	2：08.00	2：05.00	2：16.02	2：13.00	2：40.00	2：37.00	3：20.00	3：17.00	4：08.00	4：06.00
女 50公尺蝶泳											56.00	55.00
100公尺蝶泳	1：01.88	1：00.38	1：04.50	1：03.00	1：09.00	1：07.50	1：21.00	1：19.50	1：40.00	1：38.50	2：02.00	2：01.00
200公尺蝶泳	2：14.34	2：11.34	2：20.00	2：17.00	2：27.00	2：24.00	2：56.00	2：53.00	3：40.00	3：37.00	4：12.00	4：09.00

（３）蝶泳全國、亞洲、世界紀錄（50公尺池）

性別	項目	全國紀錄			亞洲紀錄			世界紀錄		
		成績	運動員	創造時間	成績	運動員	創造時間	成績	運動員	創造時間
男	50公尺蝶泳							23.60	休吉爾（澳）	2000.5
	100公尺蝶泳	53.20	蔣丞稷	1996	52.58	山本貴司（日）	2000	51.81	克利姆（澳）	2000.6
	200公尺蝶泳	1：59.07	謝旭峰	1997	1：56.75	山本貴司（日）	2000	1：54.92	菲爾普斯（美）	2001
女	50公尺蝶泳							25.64	德布魯因（荷蘭）	2000.5
	100公尺蝶泳	58.38	劉黎敏	1994	58.38	劉黎敏（中）	1994	56.61	德布魯因（荷蘭）	2000.9
	200公尺蝶泳	2：06.77	劉黎敏	1994	2：06.77	劉黎敏（中）	1994	2：05.81	曼尼爾（澳）	2000.5

4. 名人類

陳運鵬（1935～　　）

中國男子游泳運動健將、教練員，廣東惠來縣人，出生於上海。他先後多次打破蝶泳項目的全國紀錄，100公尺蝶泳全國紀錄曾保持5年之久。

陳運鵬10歲學會游泳，16歲參軍進入海軍游泳隊，17歲入選國家集訓隊。1954年4月至1955年10月在匈牙利隨該國游泳教練員進行游泳訓練，曾參加1954年世界大學生運動會和1955年、1957年的世界青年聯歡節運動會及1958年社會主義友軍運動會。1959年100公尺蝶泳成績列當年世界第十四位。在第一屆全國運動會上，他奪得100公尺、200公尺蝶泳金牌。

1979年陳運鵬曾往美國春田大學進修游泳教學課程，為新中國第一代優秀游泳運動員和教練員。在訓練中，他重視蝶泳超長距離游及水中負重游，創造了許多負重訓練方法，在蝶泳技術訓練中主張採用大量憋氣游練習。1965年1月起，任國家游泳隊教練員，1981年4月任國家游泳隊副總教練，1989年任國家隊總教練。在任期間成績卓著，培養了蒙榮乙、羅兆應、黃廣良、馮強標、鄭健、沈堅強等優秀運動員，他們分別獲得亞

運會冠軍和創造亞洲最好成績。

1987 年以來，在他與其他教練員共同負責的教練組中，培養了創造世界紀錄和亞洲最好成績的楊文意和莊泳等，她們曾獲得第三屆泛太平洋地區運動會（1989年）的金牌和銀牌、1988 年漢城奧運會的銀牌和 1991年第六屆世界游泳錦標賽金牌，為我國游泳事業有著傑出的貢獻。

羅兆應（1954～　）

中國男子游泳運動健將、教練員，廣東南海縣西樵官山鎮人。曾 30 次刷新 100 公尺、200 公尺蝶泳，長、短距離自由式和個人混合泳的全國紀錄。其中 100公尺、200 公尺蝶泳紀錄曾相繼保持了 8 年和 15 年之久。羅兆應從小生活於水鄉，諳熟水性，7 歲學會游泳，1972 年進入廣東省游泳隊，同年入選國家游泳集訓隊，多年來屢經國內、國際比賽，取得了優異的成績。

他自 1973 年起參加國內外的重大比賽，1979 年返回廣東隊，仍繼續堅持大運動量訓練，不斷刷新全國紀錄，至 1988 年退出泳壇，前後共奮鬥了 15 載，其運動壽命之長為全國游泳運動員之冠。他 1983 年參加第五屆全運會，奪取冠軍並創造的 200 公尺蝶泳全國紀錄，

直到 1987 年才被他本人改寫，當時他已 33 歲。羅兆應現任廣東省游泳隊教練員。

沈堅強（1964～　）

中國男子游泳運動員，上海人。數十次在全國各項比賽中獲自由式、蝶泳長、中、短距離項目的冠軍。沈堅強 8 歲學會游泳，9 歲進入業餘體校，受訓於周珍妮教練員門下。16 歲時被上海隊教練員鄭重光選中，加入市集訓隊進行全面、艱苦的大運動量訓練，18 歲便嶄露頭角，獲得 1500 公尺自由式全國冠軍並打破該項全國紀錄。以後連續數年獲得 200 公尺自由式、400 公尺自由式、1500 公尺自由式全國冠軍並多次創造全國紀錄。

1984 年他入選國家集訓隊，同年參加亞洲錦標賽，獲得 200 公尺自由式、400 公尺自由式和 4×200 公尺自由式接力 3 枚金牌，並代表中國隊參加了洛杉磯奧運會。1985 年後為了發揮其肌肉爆發力強、善於衝刺的特點，轉向主攻短距離項目。在陳運鵬、周明教練的調教下進行艱辛的訓練，並連續參加國內外一系列大賽，多次打破男子 50 公尺、100 公尺、200 公尺自由式和 100 公尺蝶泳全國紀錄，多次創亞洲最佳成績。1986 年參加第十屆亞運會獲得了一枚金牌。

1987 年在第六屆全運會共參賽 8 項，取得 7 枚金牌、1 枚銀牌、打破 4 項全國紀錄，其中 1 項創亞洲最好成績，為中國游泳史上第一位在一次比賽中獲金牌數最多的運動員，因此被評為該次大會的最佳運動員之一。他的 50 公尺自由式成績列當年世界第十四位、100 公尺蝶泳列當年世界第十八位。

1988 年在第三屆亞洲游泳錦標賽上，他又獲得 2 枚金牌和 1 枚銅牌。在漢城奧運會上，他獲得 100 公尺蝶泳第九名。1989 年 5 月在上海舉行的國際邀請賽上，他以 53.87 的成績創 100 公尺蝶泳亞洲最佳成績，列當年世界第三位。

1990 年在第十一屆亞運會上，他共奪得 50 公尺、100 公尺自由式、100 公尺蝶泳、4×100 公尺自由式接力和 4×100 公尺混合泳接力（與隊友合作）5 枚金牌。被採訪亞運會的中外記者評選為 1990 年亞洲十佳運動員。由於訓練基礎雄厚，他的運動壽命較長，是中國連續參加兩屆奧運會為數不多的運動員之一，第二十四屆奧運會時任國家游泳隊隊長。沈堅強退役後在上海創辦了「沈堅強游泳學校」。

王曉紅（1968～　）

中國女子游泳運動員，江蘇省常州市人。曾獲亞運

會冠軍、世界錦標賽和奧運會亞軍。她是一位大器晚成的運動員。當她 20 歲時在第二十四屆奧運會上 100 公尺、200 公尺蝶泳均進入決賽後，才開始被人看好。

1989 年在全國游泳比賽中，王曉紅奪得 6 枚金牌、打破 3 項全國紀錄、創造 1 項亞洲最好成績。同年在泛太平洋游泳錦標賽、世界杯短池賽及美國公開游泳賽中各獲得 1 枚銅牌。1990 年在第十一屆亞運會上，她奪得 100 公尺、200 公尺蝶泳和 4×100 公尺混合泳接力的 3 枚金牌。

她的 100 公尺蝶泳成績 58.87，列當年世界第一位。1991 年在第六屆世界游泳錦標賽上獲得 100 公尺蝶泳銀牌。1992 年在巴塞隆那奧運會上，她獲得 200 公尺蝶泳銀牌（2：09.1）、100 公尺蝶泳第 4 名（59.10），為中國贏得了榮譽。

王曉紅師從張雄教練員多年，他希望王曉紅從訓練難度較大的 200 公尺蝶泳入手，以帶動 100 公尺成績的提高。200 公尺蝶泳是她的強項，100 公尺蝶泳卻居於錢紅之後。她一有空就觀看錢紅訓練，研究她的衝刺技術。所以她 100 公尺蝶泳成績上升很快，從 1988 年 1：01.15，上升到 1989 年的 1：00.81，到 1990 年 4 月又游出了 1：00.00，同年 11 月在亞運會上提高到 58.87。

錢紅（1971～　）

中國女子游泳運動員。生於河北省保定市，祖籍河北省唐縣。她曾 5 次創造 100 公尺蝶泳和 200 公尺個人混合泳的亞洲最好成績。其中 100 公尺蝶泳在 1987 年 5 月列世界第三位、200 公尺個人混合泳列世界第九位。錢紅 9 歲學會游泳，同年入河北省游泳館業餘體校。1983 年 12 歲時進入河北省體工大隊，1985 年 11 月入選國家游泳集訓隊，受教於馮曉東教練員。

1983 年她在全國業餘體校比賽中獲得了兩枚金牌，這一年她在各種比賽中共獲得 21 枚金牌。

1986 年她參加第十屆亞運會，獲得 100 公尺蝶泳和 4×100 公尺自由式接力冠軍。

1987 年 8 月在第二屆泛太平洋游泳錦標賽 100 公尺蝶泳決賽中，她戰勝了包括洛杉磯奧運會該項目亞軍美國的詹・約翰遜在內的 7 名對手，為中國隊贏得了第一枚金牌。她還和隊友一起獲 4×100 公尺混合泳接力的銅牌，從而躋身世界優秀運動員行列。12 月在世界高水準的「美國游泳公開賽」（參賽選手均列當年世界前 10 名）中，錢紅力戰群芳，奪得女子 100 公尺蝶泳金牌，並創亞洲最好成績。

1988 年在第三屆亞洲游泳錦標賽中，她又以 59.93

的優異成績再次刷新了 100 公尺蝶泳的亞洲最好成績，成為第一個突破 1 分大關的亞洲女運動員。在這次比賽中她還同時獲得兩枚金牌和 1 枚銀牌。在第二十四屆漢城奧運會上，她還獲得 100 公尺蝶泳的銅牌，被評為中國 1987 年和 1988 年兩年的游泳「十佳」運動員。

1990 年在第十一屆亞運會上，她獲得 100 公尺、200 公尺蝶泳兩枚金牌，並和隊友一起奪得 4×100 公尺自由式接力的金牌。

1991 年在第六屆世界游泳錦標賽上，她奪得 100 公尺蝶泳金牌，在「國際游聯短距離衝刺賽」中 50 公尺蝶泳以 27.30 創世界最好成績，並獲第一名。1992 年在巴塞隆那奧運會上獲得 100 公尺蝶泳金牌，並打破了奧運會紀錄，成績 58.62。她還與隊友在 4×100 公尺混合泳接力中獲第四名，為中國爭得榮譽。

錢紅游泳技術全面，除蛙泳外，其他泳式均達到全國優秀水準，故 200 公尺個人混合泳得以創造亞洲最好成績。專家們認為她是個難得的全能選手，其蝶泳技術已達到世界先進水準。她意志堅強，在多年系統訓練中，運動量增長較快，終於取得出色成績。

劉黎敏（1976～　）

中國女子游泳運動員，湖北武漢人。曾獲得亞運會

金牌、世界短池游泳錦標賽金牌，女子100公尺、200公尺蝶泳的亞洲紀錄保持者。她12歲進入省隊，師從趙戈教練員，13歲即獲全國錦標賽100公尺、200公尺蝶泳冠軍，1993年進國家隊。她的特點是關節柔韌性好，水感好，身體浮力大，划水技術出色，屬比賽型選手。在1993年第一屆東亞運動會200公尺蝶泳比賽中，她以2：10.68的成績獲得金牌，初露鋒芒，繼而在同年12月的首屆世界游泳短池錦標賽上奪得兩枚金牌，1枚銀牌，並創造了1項世界紀錄（她的200公尺蝶泳以2：08.51獲金牌、100公尺蝶泳以59.24獲銀牌、與隊友在4×100公尺混合泳接力中以3：57.73創世界紀錄並獲金牌）。

1994年世界短池游泳系列賽香港站揭幕戰，她打破了200公尺蝶泳世界紀錄。1994年在羅馬第七屆世界游泳錦標賽上，她獲得女子100公尺、200公尺蝶泳金牌，成績分別是58.98和2：07.25，打破了由美國運動員瑪麗‧瑪爾保持了13年的100公尺蝶泳世界錦標賽紀錄。她還與隊友合作獲得4×100公尺混合泳接力金牌。同年10月，在廣島舉行的第十二屆亞運會上，她奪得100公尺、200公尺蝶泳和4×100公尺混合泳接力（與隊友合作）3枚金牌，並打破100公尺、200公尺蝶泳兩項亞洲紀錄，成績分別是58.38、2：06.77。

1995 年第二屆世界短池錦標賽，她獲得女子 100 公尺蝶泳冠軍，並創造了新的世界紀錄。在 1996 年第二十六屆奧運會上，她在 100 公尺蝶泳比賽中以 0.01 秒之差敗給美國選手范·戴肯，屈居亞軍。1997 年在德國世界杯短池賽上，她獲得 100 公尺蝶泳金牌。1997 年第三屆世界短池錦標賽，她獲得 200 公尺蝶泳冠軍。

劉黎敏 1999 年赴美留學，在 4 月舉行的全美大學生錦標賽上，她獲得 200 公尺蝶泳冠軍，並打破全美高校紀錄。在 8 月份舉行的全美錦標賽上，她獲得 200 公尺蝶泳冠軍，成績列當年世界第二位。

瞿韻（1978~　　）

中國女子游泳運動員，浙江省杭州人。曾創造 200 公尺蝶泳亞洲紀錄，成績列當年世界第一位。瞿韻 1984 年學游泳，1985 年進入杭州市體校，在樓紅梅教練員的指導下開始游泳訓練。經過 5 年訓練，1990 年入廣州軍區游泳隊，師從王林教練員，在短短數年的訓練中一躍而成為世界水準的運動員。

在 1993 年全國游泳冠軍賽上，200 公尺蝶泳以 2：12.00 奪得金牌、100 公尺蝶泳以 1：01.6 奪得銀牌。第一屆東亞運動會，她在 200 公尺蝶泳比賽中，以 2：11.3 奪取銀牌。

第七屆全運會上，200公尺蝶泳以2：08.53取得金牌、創亞洲紀錄，成績排列1993年世界第一位。100公尺蝶泳以59.27獲得銀牌，該成績列1993年世界第二位。1994年在廣島第十二屆亞運會上，她獲得100公尺、200公尺蝶泳兩枚銀牌，成績分別是58.70和2：10.25。

謝旭峰（1978～　　）

中國男子游泳運動員，廣東廣州人。世界短池游泳錦標賽金牌獲得者，現保持數項全國紀錄。謝旭峰5歲開始在廣州越秀區游泳班訓練。1990年12月進入廣東省隊，由李農戰教練員執教。1994年進入國家隊。他的特點是水感好，技術全面，各種泳姿發展比較均衡。他的主項起初是200公尺蝶泳，後改為混合泳。

在1994年全國錦標賽中，他獲得400公尺個人混合泳冠軍。1995年6月，在巴塞隆那國際游泳大獎賽中，他游出了4：23.05的成績，刷新了400公尺個人混合泳全國紀錄，成績列入了1996年世界前10名。1995年在城運會上，他獲得了400公尺個人混合泳、200公尺蝶泳、200公尺個人混合泳、4×100公尺自由式接力、4×200公尺自由式接力和4×100公尺混合泳接力6塊金牌。

在 1996 年全國錦標賽中，他獲得 200 公尺蝶泳金牌，並打破了全國紀錄。1997 年 4 月，在世界短池錦標賽上，他獲得 400 公尺個人混合泳金牌。在同年舉行的第八屆全國運動會上，他獲得 200 公尺蝶泳金牌，並打破由他本人保持的全國紀錄。在 1999 年全國游泳錦標賽中，他再次 1 人獨得 6 枚金牌。在 2000 年全國游泳冠軍賽中，他獲得 400 公尺個人混合泳冠軍，並達到奧運 A 標，代表中國參加了雪梨奧運會。

　　凱文・貝里（Kevin Berry,1945～　　）

　　澳大利亞男子游泳運動員。曾 12 次打破世界紀錄，其中 5 次創造 200 公尺蝶泳世界紀錄，並獲得 1964 年東京奧運會 200 公尺蝶泳金牌。1960 年他 15 歲時就參加了奧運會，獲得 200 公尺蝶泳第六名，成績為 2：18.5。1962 年以 2：12.5、2：09.7 的成績兩次創造 200 公尺蝶泳世界紀錄。

　　1963 年以 2：08.4 的成績創造 200 公尺蝶泳世界紀錄。1964 年以 2：06.9 的優異成績創造 200 公尺蝶泳世界紀錄，在同年舉行的東京奧運會上，他獲得 200 公尺蝶泳金牌，成績為 2：06.6，再次打破該項目的世界紀錄，還與隊友在 4×100 公尺混合泳接力獲銅牌，成績 4：02.3。在他的游泳運動生涯中，還獲得過 3 枚

泛美運動會游泳比賽金牌。

艾達・科克（Ada Kok,1947～　　）

荷蘭女子游泳運動員。60 年代泳星，曾 12 次刷新世界紀錄，參加了兩屆奧運會，獲得過奧運會 200 公尺蝶泳金牌。1962 年她獲得 100 公尺蝶泳歐洲冠軍。1963 年 100 公尺蝶泳以 1：06.1 的成績打破世界紀錄。

1964 年以 1：05.1 的成績刷新 100 公尺蝶泳世界紀錄。在同年舉行的奧運會上，她獲得 100 公尺蝶泳銀牌並與隊友奪得 4×100 公尺混合泳接力銀牌。1965 年她以 1：04.5 的成績打破 100 公尺蝶泳世界紀錄。1966 年獲得 100 公尺蝶泳和 4×100 公尺混合泳接力歐洲冠軍。1967 年她以 2：22.5 和 2：21.0 的優異成績兩次打破 200 公尺蝶泳世界紀錄。1968 年她獲得奧運會 200 公尺蝶泳金牌。1975 年科克列入國際名人堂。

青木眞弓（Mayumi Alki,1953～　　）

日本女子游泳運動員。奧運會金牌獲得者、兩次刷新 100 公尺蝶泳世界紀錄。1972 年奧運會前，她以 1：03.9 的成績，首次打破 100 公尺蝶泳世界紀錄。在奧運會上，她獲得 100 公尺蝶泳金牌，成績為 1：

03.34，再次刷新世界紀錄。1973 年在第一屆世界游泳錦標賽上，她獲得 200 公尺蝶泳第三名，成績為 1：03.73。

馬克・施皮茨（Mark Spitz,1950～　）

美國男子游泳運動員，生於加利福尼亞。在自由式、蝶泳項目中，曾 26 次刷新世界紀錄，兩次參加奧運會共獲 9 枚金牌。他自小喜愛游泳，童年在夏威夷海灘上度過。他的水性很好，8 歲進入游泳學校學習，以後受教於美國奧林匹克游泳教練員查伏爾。他個性倔強，意志堅強，勤奮好學。

1968 年 9 月，他成為印地安那大學醫學系牙專業預備生，進入印地安那大學游泳隊，受教於美國著名教練員康西爾曼門下。1968 年在第十九屆奧運會上，施皮茨與隊友合作獲得男子 4×100 公尺自由式接力、4×200 公尺自由式接力式牌，100 公尺蝶泳獲得銀牌，100 公尺自由式獲得銅牌。

1972 年在第二十屆奧運會上，他一人獲得男子 100 公尺、200 公尺自由式和 100 公尺、200 公尺蝶泳以及 3 個接力項目的 7 枚金牌，成為奧運會史上在一屆奧運會中獲得金牌最多的運動員。1980 年他被評為 70 年代世界 10 名最佳運動員之一，被譽為「美國飛魚」。

克里格·比爾茲利（Craig Bearishly,1960~ ）

美國男子游泳運動員。兩次打破 200 公尺蝶泳世界紀錄。他出生在紐約，他的母親原是上海人。1980 年他以 1：58.21 的成績打破 100 公尺蝶泳世界紀錄後，到中國訪問比賽並看望了他的外祖母。1981 年他又以 1：58.01 再次打破 200 公尺蝶泳世界紀錄。1982 年獲得世界錦標賽 200 公尺蝶泳銅牌，成績是 2：00.80。

邁克爾·格羅斯（Michael Gross,1964~　　）

前聯邦德國男子游泳運動員，生於奧芬巴赫市。曾先後 10 次刷新 100 公尺、200 公尺蝶泳，200 公尺、400 公尺自由式世界紀錄。格羅斯的父親京特·格羅斯是奧芬巴赫市體育俱樂部游泳教練員。4 歲時，他在父親的引導下開始學習游泳，從此他與水結下了不解之緣。10 歲開始接受游泳訓練，14 歲以前訓練大多是遊戲性的。

1984 年，他在洛杉磯奧運會中奪得兩枚金牌。1988 年，又在漢城奧運會中獲得了 200 公尺蝶泳金牌，並與隊友合作獲 4×200 公尺自由式接力銅牌。他還曾獲得兩次世界錦標賽的 4 項冠軍和 11 次歐洲冠軍。

格羅斯身高 2.02 公尺，體重 80 公斤，雙臂特長。他的蝶泳技術舒展、優美，因此，人們送給他一個「信天翁」的外號。他不僅是短距離項目的世界一流泳星，還創造過 800 公尺自由式的世界最好成績，成為當之無愧的「雙料」冠軍。

瑪麗・馬爾（Mary Meager, 1965～　　）

　　美國女子游泳運動員。先後 7 次刷新蝶泳世界紀錄，1981 年被《游泳世界》評為世界最佳水上運動員。瑪麗・馬爾生於路易斯韋爾，畢業於加利福尼亞大學。由著名教練員馬克・舒伯特訓練。4 歲時父母把她送到一所俱樂部跟著嬰兒教練員學游泳直到 10 歲。瑪麗不單有超人的才華，而且有著極其堅毅的意志，每天早上不停地游一個半小時，游速超過了男少年。

　　14 歲時，她開始在成人比賽中奪得冠軍，從而嶄露頭角。同年 7～8 月間，她 3 次刷新了 200 公尺蝶泳的世界紀錄。爾後，她不幸得了肺病，但她毫不氣餒，認為在運動生涯上取得奧運會金牌才是最大的榮譽。病癒後，她遠離家鄉到辛辛那提投入訓練。

　　1980 年她創造了 100 公尺蝶泳世界紀錄，並再次刷新了 200 公尺蝶泳世界紀錄。在 200 公尺蝶泳這個項目上，是她首次突破 2：08 大關。在 1980 年該項目前

14 個世界最好成績中有 11 個是由她創造的。在 1980
年洛杉磯奧運會上，瑪麗獲得 100 公尺、200 公尺蝶泳
和 4×100 公尺混合泳接力 3 枚金牌。她還在第一屆世
界杯游泳比賽中獲得兩枚金牌。

瑪麗有驚人的游速和極好的蝶泳技巧，藉由超距離
的蝶泳訓練，以及全面的身體訓練（每天進行一次陸上
籃球或曲棍球、體操、跳繃床等其他的練習），使她具
有特長的運動壽命。瑪麗 1988 年漢城奧運會後退役，
由她創造的 100 公尺、200 公尺蝶泳的世界紀錄保持了
近 20 年。

安東尼・內斯蒂（Anthony Nesty,1968~   ）

蘇里南男子游泳運動員，出身於富商家庭。曾獲奧
運會金牌。他 5 歲開始學游泳，1987 年留學美國佛羅
里達大學，攻讀體育專業，為該校一年級學生，並在美
國進行游泳訓練。當年即獲得泛美運動會游泳 100 公尺
蝶泳金牌。

1988 年他在漢城第二十四屆奧運會上戰勝了聯邦
德國和美國名將格羅斯、比昂迪而獲得男子 100 公尺蝶
泳金牌，成績為 53.00。這個優異成績的取得，震驚了
奧運會內外的行家們，也震動了他的國人。蘇里南政府
宣布全國放假 1 天，準備隆重迎接內斯蒂，他是自

1960 年蘇里南參加奧運會以來第一位獲得獎牌的人。其實在美國國內比賽中,他早就戰勝過比昂迪而獲得冠軍,這次奧運會不過是將美國國內比賽的鏡頭重演一遍罷了。

1991 年,在第六屆世界游泳錦標賽上,他再次獲得 100 公尺蝶泳金牌。蘇里南是加勒比海的一個島國,人口只有 40 萬。內斯蒂在 1988 年 10 月 11 日榮獲國家最高文職獎。總統授予他 1 枚黃星勳章,並將蘇里南首都體育場以安東尼‧內斯蒂命名。為了表彰內斯蒂為國家做出的貢獻,政府獎給他禮品和獎學金。

珍妮‧湯普森(Jenny Thompson,1973~　　)

美國女子游泳運動員。奧運會冠軍、世界紀錄創造者。1992 年打破 100 公尺自由式世界紀錄而聞名於世。在巴塞隆那奧運會上她贏得兩枚金牌和 1 枚銀牌。1993 年在泛太平洋錦標賽上她又獲得 6 枚金牌。

1998 年在第八屆世界游泳錦標賽上,她獲得 100 公尺蝶泳冠軍。湯普森是繼埃文斯之後又一美國泳壇名將。湯普森喜愛收集美國國旗和用國旗裝飾的物品。在 2000 年雪梨奧運會上,她獲得兩枚接力項目的金牌和 100 公尺自由式銅牌。

丹尼斯‧潘克拉托夫（1974～　）

俄羅斯男子游泳運動員。奧運會冠軍、世界紀錄創造者，在伏爾加格勒游泳俱樂部接受訓練。1994年，他在200公尺蝶泳比賽中比1：56.45的成績列當年該項目第一位。

1995年他以1：55.22的成績創造了200公尺蝶泳的新世界紀錄。1996年在亞特蘭大奧運會上，他獲得100公尺、200公尺冠軍，成績分別為52.27和1：56.51。

艾米‧范‧戴肯（1973～　）

美國女子游泳運動員，科羅拉多州丹佛人，是美國惟一一位在同一屆奧運會上獲得4枚金牌的女運動員。艾米‧范‧戴肯在1996年亞特蘭大奧運會上奪得了4枚游泳金牌，成為了美國奧運金牌女皇，這也是在該屆奧運會上表現最出色的美國女運動員之一。范‧戴肯的勝利來自於100公尺蝶泳、50公尺自由式、4×100公尺自由式接力和4×100公尺混合泳接力。

范‧戴肯在職業游泳生涯中屢獲殊榮。在1996年亞特蘭大奧運會之後，她得到了蜂擁而至的各項榮譽：她當選為1996年美聯社「年度最佳女運動員」、美國

奧委會將她選為「1996 年最佳女運動員」、她還被美國《游泳》雜誌授予「年度最佳游泳選手」的稱號。此外,她還在每年評選的授予美國頂級業餘運動員的沙利文獎中排名第二。范·戴肯曾 3 次奪得了美國全國大學生錦標賽(NCAA)冠軍,是 1994 年 NCAA 的年度最佳游泳選手。

蘇姍·奧尼爾(1973~　　)

澳大利亞女子游泳運動員,澳大利亞麥凱人。1996年亞特蘭大奧運會 200 公尺蝶泳冠軍。1998 年,這位享有澳大利亞「蝴蝶夫人」美譽的游泳選手成為了有史以來最為成功的英聯邦運動會運動員。奧尼爾在 3 屆英聯邦運動會上共獲得了 10 塊金牌,是所有項目中拿到金牌最多的運動員。

1998 年她還在澳大利亞珀斯進行的世界錦標賽上奪得了她的強項 200 公尺蝶泳的金牌。1999 年在泛太平洋運動會上,奧尼爾獲得 200 公尺蝶泳、200 公尺自由式金牌和 100 公尺蝶泳銀牌。

在 2000 年 5 月的澳大利亞全國錦標賽暨雪梨奧運選拔賽上,奧尼爾在 200 公尺蝶泳比賽中,游出了 2:05.81 的成績,比瑪麗·馬爾保持了 20 年的 2:05.96 的世界紀錄快了 0.15 秒。在 2000 年雪梨奧運會上,奧

尼爾以 1：58.24 的成績獲得了 200 公尺自由式的金牌。

因赫·德布魯因（1973～　　）

荷蘭女子游泳運動員，荷蘭巴林德萊特人。她是第二十七屆奧運會 100 公尺蝶泳、50 公尺和 100 公尺自由式冠軍，多項世界紀錄保持者。童年時候，德布魯因就因能夠輕鬆領會教練員意圖而深得教練員的器重。從她開始參加游泳比賽並開始部分訓練的那一刻起，德布魯因就立志要做得最好。

德布魯因原來只在短池游泳項目上屢有佳績。她創造了 24.28 的 50 公尺自由式歐洲最好成績和 53.34 的 100 公尺自由式世界紀錄。除在短池游泳取得成功以外，她的職業生涯沒有呈現出突破性的進展。在 1992 年奧運會上，她 50 公尺自由式名列第八，100 公尺蝶泳只獲得第九名。後來，她聽從朋友的勸說，至美國繼續從事游泳項目，她師從美國人保羅·博根，每天都有規律地進行訓練、散步和適度鍛鍊。她的重新崛起在很大程度上歸功於教練員的指導。

1998 年在世界游泳錦標賽上，她獲得 50 公尺蝶泳金牌、100 公尺蝶泳銅牌。同年，在歐洲游泳錦標賽上，她獲得 100 公尺蝶泳和 50 公尺自由式冠軍。1999

年 4 月，在中國香港舉行的世界短池游泳錦標賽上，她以 26.41 的成績獲得女子 50 公尺蝶泳第三名、以 24.35 的成績獲得女子 50 公尺自由式冠軍。6 月在荷蘭阿莫斯福特舉行的荷蘭游泳錦標賽上，她以 26.54 的成績打破女子 50 公尺蝶泳世界紀錄並獲得該項目冠軍。

2000 年 5 月，在摩洛哥舉行的游泳錦標賽中，她以 25.83 的成績打破女子 50 公尺蝶泳世界紀錄。

其後，她又在英國謝菲爾德舉行的游泳超級大獎賽中，以 25.64 的成績打破女子 50 公尺蝶泳世界紀錄、以 56.69 的成績打破女子 100 公尺蝶泳世界紀錄，並以 24.51 的成績平了女子 50 公尺自由式世界紀錄、以 53.80 的成績打破女子 100 公尺自由式世界紀錄。6 月在巴西游泳大獎賽上，她以 24.48 的成績打破女子 50 公尺自由式世界紀錄。

在 2000 年雪梨奧運會上，德布魯因獲得了 100 公尺蝶泳、50 公尺自由式、100 公尺自由式金牌，並打破了這三個項目的世界紀錄。

邁克爾·克里姆（1977～ ）

澳大利亞男子游泳運動員，波特蘭格迪尼亞人。100 公尺蝶泳世界紀錄保持者、奧運會冠軍。

邁克爾·克里姆參加上一屆奧運會時經驗不足因而

導致了挫折。19 歲的他在 1996 年擁有當年最快的 200
公尺自由式成績，但參加 1996 年亞特蘭大奧運會卻沒
有進入該項目決賽。亞特蘭大奧運會後，他的教練員托
雷茨基（俄國著名游泳運動員波波夫的教練員，由澳大
利亞引進）在接下來的兩年中讓他不斷地「比賽代
練」，參加了不計其數的比賽，幫助他取得了更多的信
心和比賽經驗。

　　多參加比賽的結果被證明是有效的，使克里姆受益
匪淺，隨之而來的便是世界冠軍和世界紀錄。

　　1997 年，在泛太平洋游泳錦標賽上，他獲得 200
公尺自由式、100 公尺自由式冠軍和 100 公尺蝶泳、4×
200 公尺自由式接力、4×100 公尺自由式接力及 4×100
公尺混合泳接力亞軍。1998 年，在世界游泳錦標賽
上，他獲得 100 公尺蝶泳、200 公尺自由式、4×200 公
尺自由式接力、4×100 公尺混合泳接力冠軍和 100 公尺
自由式、4×100 公尺自由式接力亞軍及 50 公尺自由式
季軍，共贏得了 7 塊獎牌。

　　1999 年，在泛太平洋錦標賽上，克里姆獲得了 100
公尺蝶泳和 100 公尺自由式兩項冠軍，在 200 公尺自由
式項目上，屈居其澳大利亞同胞索普之後，名列第二
位，並且幫助澳大利亞隊在 4×200 公尺自由式接力中
奪冠，創造了 7：08.79 的世界紀錄。同年 12 月，克里

姆打破了他本人保持長達兩年的 100 公尺蝶泳 52.15 的
世界紀錄。他在坎培拉訓練基地一次單獨測驗時，游出
了 52.03 的成績，而僅僅過了兩天後，他又在另一次單
獨測驗中，再次改寫 100 公尺蝶泳世界紀錄，將紀錄提
高到 51.87。在 2000 年雪梨奧運會上，克里姆以 52.18
的成績獲得 100 公尺蝶泳銀牌。

費爾普斯（1985～　）

美國男子游泳運動員，是泳壇的新星。2000 年，
在第二屆世界杯游泳錦標賽上獲 200 公尺蝶泳冠軍，
100 公尺蝶泳第三名。

2001 年，獲全美游泳錦標賽 200 公尺蝶泳冠軍，
並刷新世界紀錄。

大展出版社有限公司
品冠文化出版社

圖書目錄

地址：台北市北投區(石牌)　　電話：(02)28236031
致遠一路二段 12 巷 1 號　　　28236033
郵撥：01669551＜大展＞　　傳真：(02)28272069

・生 活 廣 場・ 品冠編號 61

1.	366 天誕生星	李芳黛譯	280 元
2.	366 天誕生花與誕生石	李芳黛譯	280 元
3.	科學命相	淺野八郎著	220 元
4.	已知的他界科學	陳蒼杰譯	220 元
5.	開拓未來的他界科學	陳蒼杰譯	220 元
6.	世紀末變態心理犯罪檔案	沈永嘉譯	240 元
7.	366 天開運年鑑	林廷宇編著	230 元
8.	色彩學與你	野村順一著	230 元
9.	科學手相	淺野八郎著	230 元
10.	你也能成為戀愛高手	柯富陽編著	220 元
11.	血型與十二星座	許淑瑛編著	230 元
12.	動物測驗—人性現形	淺野八郎著	200 元
13.	愛情、幸福完全自測	淺野八郎著	200 元
14.	輕鬆攻佔女性	趙奕世編著	230 元
15.	解讀命運密碼	郭宗德著	200 元
16.	由客家了解亞洲	高木桂藏著	220 元

・女醫師系列・ 品冠編號 62

1.	子宮內膜症	國府田清子著	200 元
2.	子宮肌瘤	黑島淳子著	200 元
3.	上班女性的壓力症候群	池下育子著	200 元
4.	漏尿、尿失禁	中田真木著	200 元
5.	高齡生產	大鷹美子著	200 元
6.	子宮癌	上坊敏子著	200 元
7.	避孕	早乙女智子著	200 元
8.	不孕症	中村春根著	200 元
9.	生理痛與生理不順	堀口雅子著	200 元
10.	更年期	野末悅子著	200 元

・傳統民俗療法・ 品冠編號 63

1.	神奇刀療法	潘文雄著	200 元

2. 神奇拍打療法　　　　　　　　　安在峰著　200 元
3. 神奇拔罐療法　　　　　　　　　安在峰著　200 元
4. 神奇艾灸療法　　　　　　　　　安在峰著　200 元
5. 神奇貼敷療法　　　　　　　　　安在峰著　200 元
6. 神奇薰洗療法　　　　　　　　　安在峰著　200 元
7. 神奇耳穴療法　　　　　　　　　安在峰著　200 元
8. 神奇指針療法　　　　　　　　　安在峰著　200 元
9. 神奇藥酒療法　　　　　　　　　安在峰著　200 元
10. 神奇藥茶療法　　　　　　　　　安在峰著　200 元
11. 神奇推拿療法　　　　　　　　　張貴荷著　200 元
12. 神奇止痛療法　　　　　　　　　漆　浩　著　200 元

・彩色圖解保健・品冠編號 64

1. 瘦身　　　　　　　　　　　　　主婦之友社　300 元
2. 腰痛　　　　　　　　　　　　　主婦之友社　300 元
3. 肩膀痠痛　　　　　　　　　　　主婦之友社　300 元
4. 腰、膝、腳的疼痛　　　　　　　主婦之友社　300 元
5. 壓力、精神疲勞　　　　　　　　主婦之友社　300 元
6. 眼睛疲勞、視力減退　　　　　　主婦之友社　300 元

・心 想 事 成・品冠編號 65

1. 魔法愛情點心　　　　　　　　　結城莫拉著　120 元
2. 可愛手工飾品　　　　　　　　　結城莫拉著　120 元
3. 可愛打扮 & 髮型　　　　　　　結城莫拉著　120 元
4. 撲克牌算命　　　　　　　　　　結城莫拉著　120 元

・少 年 偵 探・品冠編號 66

1. 怪盜二十面相　　　（精）　江戶川亂步著　特價 189 元
2. 少年偵探團　　　　（精）　江戶川亂步著　特價 189 元
3. 妖怪博士　　　　　（精）　江戶川亂步著　特價 189 元
4. 大金塊　　　　　　（精）　江戶川亂步著　特價 230 元
5. 青銅魔人　　　　　（精）　江戶川亂步著　特價 230 元
6. 地底魔術王　　　　（精）　江戶川亂步著　特價 230 元
7. 透明怪人　　　　　（精）　江戶川亂步著　特價 230 元
8. 怪人四十面相　　　（精）　江戶川亂步著　特價 230 元
9. 宇宙怪人　　　　　（精）　江戶川亂步著　特價 230 元
10. 恐怖的鐵塔王國　　（精）　江戶川亂步著　特價 230 元
11. 灰色巨人　　　　　（精）　江戶川亂步著　特價 230 元
12. 海底魔術師　　　　（精）　江戶川亂步著　特價 230 元
13. 黃金豹　　　　　　（精）　江戶川亂步著　特價 230 元
14. 魔法博士　　　　　（精）　江戶川亂步著　特價 230 元

15. 馬戲怪人 （精） 江戶川亂步著 特價 230 元
16. 魔人銅鑼 （精） 江戶川亂步著 特價 230 元
17. 魔法人偶 （精） 江戶川亂步著 特價 230 元
18. 奇面城的秘密 （精） 江戶川亂步著 特價 230 元
19. 夜光人 （精） 江戶川亂步著 特價 230 元
20. 塔上的魔術師 （精） 江戶川亂步著 特價 230 元
21. 鐵人Q （精） 江戶川亂步著 特價 230 元
22. 假面恐怖王 （精） 江戶川亂步著
23. 電人M （精） 江戶川亂步著
24. 二十面相的詛咒 （精） 江戶川亂步著
25. 飛天二十面相 （精） 江戶川亂步著
26. 黃金怪獸 （精） 江戶川亂步著

·熱門新知· 品冠編號 67

1. 圖解基因與 DNA （精） 中原英臣 主編 230 元
2. 圖解人體的神奇 （精） 米山公啟 主編 230 元
3. 圖解腦與心的構造 （精） 永田和哉 主編 230 元
4. 圖解科學的神奇 （精） 鳥海光弘 主編 230 元
5. 圖解數學的神奇 （精） 柳谷晃 著

法律專欄連載· 大展編號 58

台大法學院 法律學系／策劃
法律服務社／編著

1. 別讓您的權利睡著了(1) 200 元
2. 別讓您的權利睡著了(2) 200 元

·武 術 特 輯· 大展編號 10

1. 陳式太極拳入門 馮志強編著 180 元
2. 武式太極拳 郝少如編著 200 元
3. 練功十八法入門 蕭京凌編著 120 元
4. 教門長拳 蕭京凌編著 150 元
5. 跆拳道 蕭京凌編譯 180 元
6. 正傳合氣道 程曉鈴譯 200 元
7. 圖解雙節棍 陳銘遠著 150 元
8. 格鬥空手道 鄭旭旭編著 200 元
9. 實用跆拳道 陳國榮編著 200 元
10. 武術初學指南 李文英、解守德編著 250 元
11. 泰國拳 陳國榮著 180 元
12. 中國式摔跤 黃 斌編著 180 元
13. 太極劍入門 李德印編著 180 元
14. 太極拳運動 運動司編 250 元

・名師出高徒・大展編號 111

1. 武術基本功與基本動作　　　　劉玉萍編著　200 元
2. 長拳入門與精進　　　　　　　吳彬　等著　220 元
3. 劍術刀術入門與精進　　　　　楊柏龍等著　220 元
4. 棍術、槍術入門與精進　　　　邱丕相編著　220 元
5. 南拳入門與精進　　　　　　　朱瑞琪編著　220 元
6. 散手入門與精進　　　　　　　張　山等著　220 元
7. 太極拳入門與精進　　　　　　李德印編著　280 元
8. 太極推手入門與精進　　　　　田金龍編著　220 元

・實用武術技擊・大展編號 112

1. 實用自衛拳法　　　　　　　　溫佐惠　著　250 元
2. 搏擊術精選　　　　　　　　　陳清山等著　220 元
3. 秘傳防身絕技　　　　　　　　程崑彬　著　230 元
4. 振藩截拳道入門　　　　　　　陳琦平　著　220 元
5. 實用擒拿法　　　　　　　　　韓建中　著　220 元
6. 擒拿反擒拿 88 法　　　　　　韓建中　著　250 元

・中國武術規定套路・大展編號 113

1. 螳螂拳　　　　　　　　　　　中國武術系列　300 元
2. 劈掛拳　　　　　　　　　　　規定套路編寫組　300 元
3. 八極拳

・中華傳統武術・大展編號 114

1. 中華古今兵械圖考　　　　　　裴錫榮　主編　280 元
2. 武當劍　　　　　　　　　　　陳湘陵　編著　200 元
3. 梁派八卦掌（老八掌）　　　　李子鳴　遺著　220 元
4. 少林 72 藝與武當 36 功　　　裴錫榮　主編　230 元
5. 三十六把擒拿　　　　　　　　佐藤金兵衛　主編　200 元
6. 武當太極拳與盤手 20 法　　　裴錫榮　主編　　元

・少 林 功 夫・大展編號 115

1. 少林打擂秘訣　　　　　　　　德虔、素法 編著　300 元
2. 少林三大名拳 炮拳、大洪拳、六合拳　門惠豐 等著　200 元
3. 少林三絕 氣功、點穴、擒拿　德虔 編著　300 元

・道 學 文 化・大展編號 12

1. 道在養生：道教長壽術　　　　郝勤 等著　250 元

2. 龍虎丹道：道教內丹術　　　　　　郝　勤　著　300元
3. 天上人間：道教神仙譜系　　　　　黃德海著　250元
4. 步罡踏斗：道教祭禮儀典　　　　　張澤洪著　250元
5. 道醫窺秘：道教醫學康復術　　　　王慶餘等著　250元
6. 勸善成仙：道教生命倫理　　　　　李　剛著　250元
7. 洞天福地：道教宮觀勝境　　　　　沙銘壽著　250元
8. 青詞碧簫：道教文學藝術　　　　　楊光文等著　250元
9. 沈博絕麗：道教格言精粹　　　　　朱耕發等著　250元

・易 學 智 慧・大展編號 122

1. 易學與管理　　　　　　　　　　余敦康主編　250元
2. 易學與養生　　　　　　　　　　劉長林等著　300元
3. 易學與美學　　　　　　　　　　劉綱紀等著　300元
4. 易學與科技　　　　　　　　　　董光壁著　280元
5. 易學與建築　　　　　　　　　　韓增祿著　280元
6. 易學源流　　　　　　　　　　　鄭萬耕著　280元
7. 易學的思維　　　　　　　　　　傅雲龍等著　250元
8. 周易與易圖　　　　　　　　　　李　申著　250元
9. 易學與佛教　　　　　　　　　　王仲堯著　　元

・神 算 大 師・大展編號 123

1. 劉伯溫神算兵法　　　　　　　　應　涵編著　280元
2. 姜太公神算兵法　　　　　　　　應　涵編著　280元
3. 鬼谷子神算兵法　　　　　　　　應　涵編著　280元
4. 諸葛亮神算兵法　　　　　　　　應　涵編著　280元

・命 理 與 預 言・大展編號 06

1. 12星座算命術　　　　　　　　　訪星珠著　200元
2. 中國式面相學入門　　　　　　　蕭京凌編著　180元
3. 圖解命運學　　　　　　　　　　陸明編著　200元
4. 中國秘傳面相術　　　　　　　　陳炳崑編著　180元
5. 13星座占星術　　　　　　　　　馬克・矢崎著　200元
6. 命名彙典　　　　　　　　　　　水雲居士編著　180元
7. 簡明紫微斗術命運學　　　　　　唐龍編著　220元
8. 住宅風水吉凶判斷法　　　　　　琪輝編譯　180元
9. 鬼谷算命秘術　　　　　　　　　鬼谷子著　200元
10. 密教開運咒法　　　　　　　　　中岡俊哉著　250元
11. 女性星魂術　　　　　　　　　　岩滿羅門著　200元
12. 簡明四柱推命學　　　　　　　　呂昌釧編著　230元
13. 手相鑑定奧秘　　　　　　　　　高山東明著　200元
14. 簡易精確手相　　　　　　　　　高山東明著　200元

42. 隨心所欲瘦身冥想法	原久子著	180 元
43. 胎兒革命	鈴木丈織著	180 元
44. NS 磁氣平衡法塑造窈窕奇蹟	古屋和江著	180 元
45. 享瘦從腳開始	山田陽子著	180 元
46. 小改變瘦 4 公斤	宮本裕子著	180 元
47. 軟管減肥瘦身	高橋輝男著	180 元
48. 海藻精神秘美容法	劉名揚編著	180 元
49. 肌膚保養與脫毛	鈴木真理著	180 元
50. 10 天減肥 3 公斤	彤雲編輯組	180 元
51. 穿出自己的品味	西村玲子著	280 元
52. 小孩髮型設計	李芳黛譯	250 元

·青 春 天 地· 大展編號 17

1. A 血型與星座	柯素娥編譯	160 元
2. B 血型與星座	柯素娥編譯	160 元
3. O 血型與星座	柯素娥編譯	160 元
4. AB 血型與星座	柯素娥編譯	120 元
5. 青春期性教室	呂貴嵐編譯	130 元
7. 難解數學破題	宋釗宜編譯	130 元
9. 小論文寫作秘訣	林顯茂編譯	120 元
11. 中學生野外遊戲	熊谷康編著	120 元
12. 恐怖極短篇	柯素娥編譯	130 元
13. 恐怖夜話	小毛驢編譯	130 元
14. 恐怖幽默短篇	小毛驢編譯	120 元
15. 黑色幽默短篇	小毛驢編譯	120 元
16. 靈異怪談	小毛驢編譯	130 元
17. 錯覺遊戲	小毛驢編著	130 元
18. 整人遊戲	小毛驢編著	150 元
19. 有趣的超常識	柯素娥編譯	130 元
20. 哦！原來如此	林慶旺編譯	130 元
21. 趣味競賽 100 種	劉名揚編譯	120 元
22. 數學謎題入門	宋釗宜編譯	150 元
23. 數學謎題解析	宋釗宜編譯	150 元
24. 透視男女心理	林慶旺編譯	120 元
25. 少女情懷的自白	李桂蘭編譯	120 元
26. 由兄弟姊妹看命運	李玉瓊編譯	130 元
27. 趣味的科學魔術	林慶旺編譯	150 元
28. 趣味的心理實驗室	李燕玲編譯	150 元
29. 愛與性心理測驗	小毛驢編譯	130 元
30. 刑案推理解謎	小毛驢編譯	180 元
31. 偵探常識推理	小毛驢編譯	180 元
32. 偵探常識解謎	小毛驢編譯	130 元
33. 偵探推理遊戲	小毛驢編譯	180 元

11.	看圖學英文	陳炳崑編著	200元
12.	讓孩子最喜歡數學	沈永嘉譯	180元
13.	催眠記憶術	林碧清譯	180元
14.	催眠速讀術	林碧清譯	180元
15.	數學式思考學習法	劉淑錦譯	200元
16.	考試憑要領	劉孝暉著	180元
17.	事半功倍讀書法	王毅希著	200元
18.	超金榜題名術	陳蒼杰譯	200元
19.	靈活記憶術	林耀慶編著	180元
20.	數學增強要領	江修楨編著	180元
21.	使頭腦靈活的數學	逢澤明著	200元
22.	難解數學破題	宋釗宜著	200元

・實用心理學講座・大展編號 21

1.	拆穿欺騙伎倆	多湖輝著	140元
2.	創造好構想	多湖輝著	140元
3.	面對面心理術	多湖輝著	160元
4.	偽裝心理術	多湖輝著	140元
5.	透視人性弱點	多湖輝著	180元
6.	自我表現術	多湖輝著	180元
7.	不可思議的人性心理	多湖輝著	180元
8.	催眠術入門	多湖輝著	150元
9.	責罵部屬的藝術	多湖輝著	150元
10.	精神力	多湖輝著	150元
11.	厚黑說服術	多湖輝著	150元
12.	集中力	多湖輝著	150元
13.	構想力	多湖輝著	150元
14.	深層心理術	多湖輝著	160元
15.	深層語言術	多湖輝著	160元
16.	深層說服術	多湖輝著	180元
17.	掌握潛在心理	多湖輝著	160元
18.	洞悉心理陷阱	多湖輝著	180元
19.	解讀金錢心理	多湖輝著	180元
20.	拆穿語言圈套	多湖輝著	180元
21.	語言的內心玄機	多湖輝著	180元
22.	積極力	多湖輝著	180元

・超現實心靈講座・大展編號 22

1.	超意識覺醒法	詹蔚芬編譯	130元
2.	護摩秘法與人生	劉名揚編譯	130元
3.	秘法！超級仙術入門	陸明譯	150元
4.	給地球人的訊息	柯素娥編著	150元

・養 生 保 健・大展編號 23

21. 簡明氣功辭典　　　　　　　　　吳家駿編　360元
22. 八卦三合功　　　　　　　　　　張全亮著　230元
23. 朱砂掌健身養生功　　　　　　　楊永著　250元
24. 抗老功　　　　　　　　　　　　陳九鶴著　230元
25. 意氣按穴排濁自療法　　　　　黃啟運編著　250元
26. 陳式太極拳養生功　　　　　　　陳正雷著　200元
27. 健身祛病小功法　　　　　　　　王培生著　200元
28. 張式太極混元功　　　　　　　　張春銘著　250元
29. 中國璇密功　　　　　　　　　　羅琴編著　250元
30. 中國少林禪密功　　　　　　　　齊飛龍著　200元
31. 郭林新氣功　　　　　　　郭林新氣功研究所　400元
32.　太極 八卦之源與健身養生　　鄭志鴻等著　280元

·社會人智囊· 大展編號 24

1.　糾紛談判術　　　　　　　　　清水增三著　160元
2.　創造關鍵術　　　　　　　　　淺野八郎著　150元
3.　觀人術　　　　　　　　　　　淺野八郎著　200元
4.　應急詭辯術　　　　　　　　　廖英迪編著　160元
5.　天才家學習術　　　　　　　　木原武一著　160元
6.　貓型狗式鑑人術　　　　　　　淺野八郎著　180元
7.　逆轉運掌握術　　　　　　　　淺野八郎著　180元
8.　人際圓融術　　　　　　　　　澀谷昌三著　160元
9.　解讀人心術　　　　　　　　　淺野八郎著　180元
10. 與上司水乳交融術　　　　　　秋元隆司著　180元
11. 男女心態定律　　　　　　　　　小田晉著　180元
12. 幽默說話術　　　　　　　　　林振輝編著　200元
13. 人能信賴幾分　　　　　　　　淺野八郎著　180元
14. 我一定能成功　　　　　　　　　李玉瓊譯　180元
15. 獻給青年的嘉言　　　　　　　　陳蒼杰譯　180元
16. 知人、知面、知其心　　　　　林振輝編著　180元
17. 塑造堅強的個性　　　　　　　　阪上肇著　180元
18. 為自己而活　　　　　　　　　佐藤綾子著　180元
19. 未來十年與愉快生活有約　　　船井幸雄著　180元
20. 超級銷售話術　　　　　　　　　杜秀卿譯　180元
21. 感性培育術　　　　　　　　　黃靜香編著　180元
22. 公司新鮮人的禮儀規範　　　　　蔡媛惠譯　180元
23. 傑出職員鍛鍊術　　　　　　　佐佐木正著　180元
24. 面談獲勝戰略　　　　　　　　　李芳黛譯　180元
25. 金玉良言撼人心　　　　　　　　森純大著　180元
26. 男女幽默趣典　　　　　　　　劉華亭編著　180元
27. 機智說話術　　　　　　　　　劉華亭編著　180元
28. 心理諮商室　　　　　　　　　　柯素娥譯　180元
29. 如何在公司崢嶸頭角　　　　　佐佐木正著　180元

國家圖書館出版品預行編目資料

蝶泳技術與練習／吳河海　狄建　主編
——初版，——臺北市，大展，民92（2003年）
面；21公分，——（運動遊戲；12）
ISBN 957-468-221-8（平裝）

1.游泳

528.96　　　　　　　　　　　　92006574

蝶泳技術與練習

ISBN 957-468-221-8

主　編　者／吳河海　狄建
編　撰　者／吳河海　狄建　譚政典　陳武山　劉剛　呂鵬
責任編輯／王　勃
發　行　人／蔡森明
出　版　者／大展出版社有限公司
社　　　址／台北市北投區（石牌）致遠一路2段12巷1號
電　　　話／（02）28236031·28236033·28233123
傳　　　眞／（02）28272069
郵政劃撥／01669551
E-mail／dah.jaan@pchome.net.tw
登 記 證／局版臺業字第2171號
承　印　者／高星印刷品行
裝　　　訂／協億印製廠股份有限公司
排　版　者／弘益電腦排版有限公司
初版1刷／2003年（民92年）6月

定　價／180元

大展好書　好書大展
品嘗好書　冠群可期